普通高等教育"十三五"汽车类规划教材

汽车物流基础

第 2 版

主　编　任焕梅　　陈永革
副主编　孔　娟
参　编　陈　诚　　姜映红　　孟宪海

机械工业出版社

本书介绍各项汽车物流活动的功能与有关常识，共 7 章，主要包括汽车物流概述、汽车企业采购物流、汽车企业生产物流、汽车企业销售物流、汽车行业第三方物流、汽车物流信息技术和汽车物流与供应链管理等。书中通过引用与汽车企业相关的物流案例，阐明了物流在汽车行业中的重要地位。

本书为高等学校车辆工程专业教材，高职高专层次的汽车物流专业亦可选用，还可作为汽车物流管理人员和技术人员、汽车流通企业管理决策人员的参考书。

本书配有 PPT 课件，可免费赠送给采用本书作为教材的教师，可登录 www.cmpedu.com 注册下载，或联系编辑（tian.lee9913@163.com）索取。

图书在版编目（CIP）数据

汽车物流基础/任焕梅，陈永革主编 . —2 版 . —北京：机械工业出版社，2018.3（2024.7重印）

普通高等教育"十三五"汽车类规划教材
ISBN 978-7-111-59133-7

Ⅰ . ①汽…　Ⅱ . ①任…　②陈…　Ⅲ . ①汽车工业－物流－高等学校－教材　Ⅳ . ①F407. 471. 6

中国版本图书馆 CIP 数据核字（2018）第 025682 号

机械工业出版社（北京市百万庄大街 22 号　邮政编码 100037）
策划编辑：宋学敏　责任编辑：宋学敏　李欣瑶　商红云
责任校对：高亚苗　封面设计：张　静
责任印制：张　博
北京建宏印刷有限公司印刷
2024 年 7 月第 2 版第 5 次印刷
184mm×260mm · 8 印张 · 172 千字
标准书号：ISBN 978-7-111-59133-7
定价：24.00 元

电话服务　　　　　　　　　　　网络服务
客服电话：010-88361066　　　机 工 官 网：www.cmpbook.com
　　　　　010-88379833　　　机 工 官 博：weibo.com/cmp1952
　　　　　010-68326294　　　金 书 网：www.golden-book.com
封底无防伪标均为盗版　　　机工教育服务网：www.cmpedu.com

第2版前言

　　随着汽车保有量的增加，汽车经济成为社会经济的重要组成部分。汽车物流是汽车行业的主要内容之一，在汽车产品竞争日趋同质化的环境下，如何整合汽车物流的功能和降低成本，提高汽车物流的效率成为汽车厂商追求的首要目标。深入研究汽车物流的本质，并通过汽车物流来促进汽车行业的健康发展，是从事物流研究、教学、生产和汽车行业的人员的责任，也是本书编写的宗旨。

　　目前，有关汽车物流的教材普遍存在的问题是，大部分教材主要讲述物流的本质和过程，但介绍汽车行业物流过程的相关内容较少，存在对汽车物流的内容阐述不系统、不深入以及联系实际不够等问题。鉴于以上原因，我们编写了本书。本书较为系统地介绍了汽车物流研究的主要内容，包括：汽车物流概述、汽车企业采购物流、汽车企业生产物流、汽车企业销售物流、汽车行业第三方物流、汽车物流信息技术、汽车物流与供应链管理，在内容安排上做到每章在阐述过程中都与汽车物流实际运作相结合，并在每章最后列举一个案例进行分析，将教学内容实际运用在物流工作中。

　　本书重视探索汽车物流发展的内在规律，文字力求言简意赅，旨在加强读者的感性认识和理解，丰富、拓展物流领域的专业知识。同时，突出现代汽车行业对物流行业的需求，反映物流在汽车行业的应用和发展，体现物流的时代性和发展趋势。

　　参加本次修订工作的有任焕梅、陈永革、孔娟、陈诚、姜映红和孟宪海。在本书的编写过程中，借鉴了很多专家、学者的研究成果，也得到了汽车物流行业工程技术人员的大力支持。

　　由于编写人员水平有限，书中还存在不足之处，敬请同行批评指正。汽车物流是一个不断发展变化的行业，许多问题的研究需要在实践中进一步深化和完善。

编　者

第1版前言

物流活动是人类经济活动必不可少的重要环节，其随着生产的发展而发展。当生产力发展到一定阶段，出现了剩余产品时，交换过程中的物流便应运而生。工业革命后，随着大批量生产和消费，物流获得了较快的发展。我国长期以来存在"重商流、轻物流、重生产、轻流通"的思想，物流的理论研究及实践都比较滞后。

汽车物流作为整个汽车行业中重要的部分，也越来越受到人们的关注。现代汽车物流的发展趋势是信息化、自动化、网络化、智能化、柔性化，尤其是我国加入 WTO 后，现代物流科学技术的发展和全球经济一体化步伐的加快，国外先进的汽车物流概念和技术不断涌入我国，这就要求在我国汽车物流的发展中，要时刻跟踪世界汽车物流技术发展的最新动态，利用先进汽车物流技术改造我国仓储、运输、包装等汽车物流环节，以提高我国汽车物流的效率，增强我国汽车物流企业在国际汽车物流市场上的竞争力，加快我国汽车物流现代化的步伐。

鉴于以上情况，我们编写了本书。本书比较全面系统地介绍了汽车物流的全部内容，如物流概念、物流管理概念及其在市场营销中的作用、包装、装卸搬运、运输、仓储、配送、流通加工、信息、第三方物流、电子商务与物流、供应链管理、供应链管理下的汽车物流研究等知识以及相关的案例，是汽车物流知识的系统教材，对我国汽车物流产业的发展及汽车物流高级管理人才的培养可起到一定的推动作用。

本书是集体劳动的成果，主编为陈永革，副主编为徐雯霞，参编为何瑛。最后，陈永革、徐雯霞对全书进行统稿，由朱德炎教授主审，并提出了很多修改意见，在此表示感谢。

编　者

目 录

第 2 版前言

第 1 版前言

第 1 章　汽车物流概述 ……………… 1

  1.1　汽车物流的概念 ……………… 1

  1.2　汽车物流的基本要素 ……………… 2

  1.3　汽车物流的运作模式 ……………… 4

  1.4　我国汽车物流现状 ……………… 6

  1.5　案例分析 ……………… 7

第 2 章　汽车企业采购物流 ……………… 9

  2.1　汽车产品生产采购和管理 ……………… 9

  2.2　采购物流管理 ……………… 13

  2.3　采购物流中的运输 ……………… 16

  2.4　采购物流中的仓储 ……………… 23

  2.5　案例分析 ……………… 29

第 3 章　汽车企业生产物流 ……………… 34

  3.1　汽车企业生产物流组织 ……………… 34

  3.2　汽车企业生产物流的管理 ……………… 38

  3.3　汽车企业生产过程的物流控制 ……………… 43

  3.4　影响汽车生产物流的主要因素 ……………… 47

  3.5　案例分析 ……………… 49

第 4 章　汽车企业销售物流 ……………… 51

  4.1　汽车销售物流 ……………… 51

  4.2　汽车销售配送管理 ……………… 56

  4.3　汽车国际贸易与物流管理 ……………… 61

  4.4　案例分析 ……………… 68

第 5 章　汽车行业第三方物流 ……………… 70

  5.1　汽车行业第三方物流概述 ……………… 70

  5.2　汽车行业第三方物流管理 ……………… 75

  5.3　案例分析 ……………… 83

第 6 章　汽车物流信息技术 ……………… 87

  6.1　汽车物流条码技术 ……………… 87

  6.2　汽车物流射频识别技术 ……………… 91

  6.3　汽车物流 GPS 技术 ……………… 94

  6.4　汽车物流电子商务 ……………… 96

  6.5　汽车物流物联网技术 ……………… 102

  6.6　案例分析 ……………… 109

第 7 章　汽车物流与供应链管理 ……………… 111

  7.1　供应链管理概述 ……………… 111

  7.2　汽车物流供应链管理 ……………… 113

  7.3　案例分析 ……………… 117

参考文献 ……………… 119

第 1 章

汽车物流概述

 1.1　汽车物流的概念

物流的概念，美国物流管理协会（Council of Logistics Management，CLM）定义如下："所谓物流，就是把消费品从生产线的终点有效地移动到有关消费者的广泛活动。也包括将原材料从供给源有效地移动到生产线始点的活动。"

物流的定义，其表达形式多种多样，有些学者将有形无形的财产抽象化，将物流定义归纳为"连接供给主体和消费主体，克服空间和时间差异的物理性经济活动。具体来说就是指运输、保管、包装和装卸等的物资流通活动和与此相关的信息传递活动"。

也可以这样解释，流通是指使财物由生产者向消费者进行社会性、物理性的转移活动。流通首先是从商品交易的功能开始发生的，由于进行商品交易，由买方向卖方支付商品的代价，商品的所有权就从卖方转移给买方。但是，到此为止，商品的流通并没有结束，还必须有商品的交给，把商品从卖方转移给买方的活动就是物流。这种"流通"的经济活动分为"商品交易"活动和"物流"活动两个方面。

从物流的全过程看，有包装、发货、保管、库存管理、运输、配送等各种活动，如果没有这些过程，就不能使财务移动。企业的物流包括从原材料供应（供给物流）到成品销售（成品物流）的全部物流活动（见图1-1）。

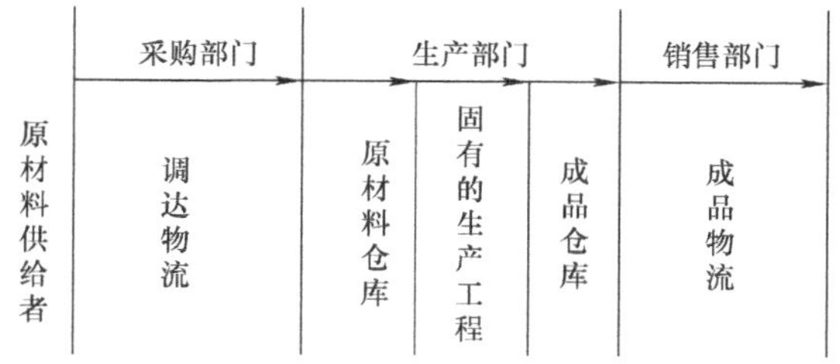

采购部门		生产部门		销售部门	
原材料供给者	调达物流	原材料仓库	固有的生产工程	成品仓库	成品物流	需要者

图 1-1　物流经路

在有关物流的定义方面，以下几点需要注意：

1）物品不只是指生产的商品，还包含伴随着生产和销售出现的包装容器、包装材料等废弃物。

2）消费者也不是指一般意义上的消费者，它包括制造业者、批发商、零售业者等需求者。

3）流通加工，由于它可以产生物品的形质（形体和性质）功效，也可以把它归入生产领域。但由于它既可归于生产又可归于物流，介于两个活动领域之间属于中间领域，尽管流通加工创造了一部分形质功效，但其目的是为了提高物流系统的效率，因而应把流通加工看作是物流功能的扩大，把它归为物流是适宜的。

而汽车物流的概念就是把物流定义中的产品或商品特指汽车而言，包括汽车整车及其零部件。因此，以下所讲的内容都是广义的物流概念与研究内容，这些都是在汽车领域内通用。

汽车物流是指汽车供应链上原材料、零部件、整车以及售后配件在各个环节之间的实体流动过程。广义的汽车物流还包括废旧汽车的回收环节。汽车物流在汽车产业链中起到桥梁和纽带的作用。汽车物流是实现汽车产业价值流顺畅流动的根本保障。

1.2 汽车物流的基本要素

1.2.1 汽车物流的特点

汽车物流是物流的重要组成部分，具有与其他物流分类所不同的特点，是一种复杂程度极高的物流活动。汽车物流的特点如下：

1. 整合与协调性

汽车物流是以汽车制造企业为核心，通过物流和信息拉动供应商的原材料供应来推动分销商的产品分销及客户服务。所以，汽车物流的重点是整合和协调，实现供应与需求之间的互相协调显得十分重要。

2. 技术复杂性

保证汽车生产所需零部件能够按时按量到达指定地点十分重要，汽车的高度集中生产带来成品的远距离运输以及大量的售后配件物流，这一系列构成十分复杂的系统工程。汽车物流的复杂程度为各行业之首。

3. 服务专业性

汽车生产技术的复杂性决定了物流服务的专业性，供应物流需要采用专用的运输工具和工位器具，运输工具的好坏直接关系到运输的快慢和质量；生产物流需要专业的零部件分类方法；销售物流和售后物流也需要服务人员具备相应的汽车保管、维修等方面的专业知识。

4. 网络的先进性

汽车物流是一种高度资本密集、技术密集和知识密集型的行业，由于现代科技的发展，计算机网络已全面规划着汽车供应链中的物流、商流、信息流、资金流，并且构建电子商务采购和销售平台，通过应用条码技术、EDI技术、GPS系统、电子订货系统、射频技术等信息技术，使汽车物流效率更加高效，大大提高了客户满意度。

1.2.2 汽车物流的基本要素

汽车物流的基本要素由以下四个方面构成：

1. 人的要素

人是汽车物流系统的核心要素，是确保汽车物流得以顺利实施的根本保障，因此，提高汽车物流从业人员的素质尤为重要。从业务的角度出发，汽车物流从业人员除了需要具备一般物流专业的知识外，还需要对汽车构造、生产、特性、运输等相关汽车专业知识有所了解。

2. 资金要素

资金是汽车物流得以完成的动力保证。汽车物流的实现需要人员、技术、设施以及设备的有机结合，这一切的结合需要资金作为保障，离开资金，汽车物流的目标不可能实现。

3. 物的要素

汽车物流物的要素包括为汽车服务的一切物的条件，也包括为汽车产品提供物流服务的劳动工具、劳动手段，如各种物流设施、设备、工具，各种消耗材料等。

4. 信息要素

信息是汽车物流运作的基础。从某种意义上说，汽车物流的现代化就是实现汽车物流的信息化。汽车物流信息涉及汽车物流环节中所有处理的信息。

1.2.3 汽车物流的分类

由于在不同领域中物流的对象、目的、范围的不同，形成了不同的物流类型。汽车物流可根据物流对象的性质、流程和范围进行分类。

1. 按照物流作业对象性质不同分类

根据具体作业对象的性质可将汽车物流划分为汽车整车物流和汽车零部件物流。汽车整车物流的运作流程较清晰，物流活动围绕生产企业和销售企业展开；汽车零部件物流则涉及更多的企业，除了生产企业和销售企业，也与汽车零部件生产企业、汽车维修、零部件回收等企业相关联。

2. 按照物流运作流程分类

根据汽车生产性质和流程，汽车物流分为汽车供应物流、汽车生产物流、汽车销售物流、汽车回收物流和汽车废弃物流。

为生产企业提供原材料、零部件或其他物品的活动称为供应物流。汽车生产物流是指产品生产过程中，原材料、在制品、半成品、产成品等在生产企业内部的移动和保存等活动。汽车生产物流必须与生产过程同步，否则生产过程可能停滞或者出现额外成本。当物品从生产企业、销售企业向需求者移动时，汽车销售物流也就产生了。汽车回收物流是指一部分的汽车总成或者零件在汽车产品报废后仍然可以使用，将其回收产生的物流形式。一方面通过回收，总成或零部件可以继续使用，另一方面通过再生技术回收物资后制成零部件使用。汽车废弃物流是指整车或者零部件报废后对其处理的过程中产生的物流行为，汽车废弃物流对于保障生产和生活的正常秩序，保护环境具有非常重要的意义。

3. 按照物流活动范围不同分类

按照汽车物流服务的空间范围，可以将汽车物流区分为地区物流、国内物流和国际物流。地区物流是指在一国疆域之内，根据行政区域地理位置划分的一定区域内的物流。地区物流的合理规划和布局不仅对特定区域内的物流成本、速度和效率产生影响，而且对一国的整体物流水平也产生巨大的影响。国内物流是指一国政府为了服务于国民经济发展的总目标而制订的有关物流的总体规划和相关政策法规等，如物流基础设施和配套实施的规划、交通法规、投资和税收政策、各种物流装备和单据的标准化等。国际物流则是指物品在不同国家之间的移动，较之国内物流，国际物流活动更为复杂，难度和风险更大。

1.3　汽车物流的运作模式

汽车物流的运作模式是由物流组织者决定的，并与汽车物流企业开展业务的具体运作方式相关。目前汽车物流的运作模式大体上可分为三种：自营物流、物流外包（第三方物流）、自营与外包相结合的混合模式。

1.3.1　汽车物流自营模式

汽车物流自营模式是指汽车生产企业依靠自身力量，结合自身优势，建立适合自身需要的物流体系。物流活动全部由生产企业来完成。根据我国现阶段的汽车物流运作模式来看，这种模式具有一定的地位。

1. 汽车物流自营的优势

1）掌握控制权。企业物流自营，可以根据掌握的资料对物流活动的各个环节进行有效的调节，能够迅速地取得供应商、销售商以及最终顾客的第一手信息，解决物流管理活动的过程中出现的问题，以便随时调整自己的经营策略。通过物流自营，企业可以全过程地控制物流系统的运作。

2）避免商业秘密的泄露。一般来说，企业为了维持正常的运营，对某些特殊运营环节必须采取保密措施，比如原材料的构成、生产工艺等。当企业将物流业务外包，特别是引入第三方物流来经营其生产环节中的内部物流时，其基本的运营情况就不可避免地向第三方公开。企业物流外包，企业经营中的商业秘密就可能会通过第三方物流泄露给竞争对手，削弱了企业的市场竞争力。

3）降低交易成本。企业靠自己完成物流业务，就不必对相关的运输、仓储、配送和售后服务的费用问题和物流企业进行谈判，避免了交易结果的不确定性，降低了交易风险，减少了交易费用。

4）盘活企业原有资产。目前在中国生产企业中拥有铁路专用线的企业占了3%，拥有机械化装卸设备的企业占了33%，73%的企业拥有自己的仓库，而拥有汽车车队的企业也达到了73%。企业选择物流自营的模式，在改造企业经营管理结构和机制的基础上使原有物流资源得到充分的利用，可盘活原有的企业资产，为企业创造利润空间。

5）提高企业品牌价值。企业物流自营能够更好地控制市场营销活动，一方面企业可以为顾客提供优质的服务，顾客能更好地熟悉企业、了解产品，让顾客感受到企业的亲和力，切身体会到企业的人文关怀，提高企业在顾客心目中的形象；另一方面，企业可以最快地掌握顾客信息和市场发展动向，根据顾客需求和市场信息制定和调整战略，提高企业的市场竞争力。

2. 汽车物流自营的劣势

1）企业庞大的投资。企业为了建立物流系统，需要投资仓储设备、运输设备以及相关的人力资本，不利于企业抵御市场风险。这必然减少企业其他重要环节的投入，削弱企业的市场竞争能力。

2）企业配送效率低下，管理难以控制。对于绝大部分企业而言，物流并不是企业所擅长的活动。在这种情况下，企业物流自营就等于迫使自己从事不专长的业务活动，企业的管理人员往往需要花费过多的时间、精力和资源去从事物流的工作，结果可能是辅助性的工作没有做好，又没有发挥关键业务的作用。

3）规模有限，物流配送的专业化程度非常低，成本较高。对规模较小的企业来说，企业产品数量有限，采用物流自营，不足以形成规模效应，一方面导致物流成本过高，产品成本升高，降低了市场竞争力；另一方面，由于规模的限制，物流配送的专业化程度较低，企业的需求无法得到满足。

4）无法进行准确的效益评估。许多物流自营的企业内部各职能部门独立地完成各自的物流活动，没有将物流费用从整个企业分离出来进行独立核算，因此企业无法准确地计算出产品的物流成本，因此也无法进行准确的效益评估。

1.3.2　汽车物流外包模式（第三方物流）

汽车物流外包主要是汽车生产企业把汽车物流交与第三方物流公司承担。为了保证比物流自营有更好的竞争优势，将部分或全部的物流工作交给合作企业完成。将物流业务交给专业的物流企业，对于生产企业来讲就可以集中资源，节省管理费用，增强核心竞争力。

1. 汽车物流外包的优势

1）业务优势。可以使制造企业获得自己本身不能提供的物流服务。在很多情况下，企业的顾客所需要的物流服务通常需要特别的专业技能和知识，制造企业所有的物流服务要求可能不是靠企业内部的物流所能满足的。特别是对于中小企业来说，物流外包可以突破企业资源限制。

2）成本优势。一方面，企业将物流业务外包可以降低制造企业的运营成本。由于第三方物流企业在经营规模、经营范围上的经济性，降低了包括劳动力要素在内的物流运营成本。另一方面，对于制造企业来说，物流成本在产品的成本中占据了较大的比重。物流外包可以减少企业在固定资产方面的投资，加速资本周转。

3）客户服务优势。比起生产企业，第三方物流企业在信息网络和配送节点两个方面都具有资源优势。利用信息网络可以加大订单的处理能力、减少对客户需求的反映时间。配送节点多，可以进行直接到户的点对点的配送，使商品更快地到达顾客手中，提高顾客的满意度。而且，第三方物流在物流服务方面具备独特的专业能力和优势，为顾客提供更为周到的服务，加强企业的市场号召力。

4）归核优势。对于生产企业来说，物流业务不会是企业的关键业务，也不擅长专业的物流业务。新兴起的第三方物流企业因为从事很多物流项目的运营，通过整合各项物流资源，物流作业更加高效，而且物流的运营成本相对较低。制造企业如果将物流业务外包给第三方，将获得更周到的物流服务，同时又可以集中精力发展核心业务。

2. 汽车物流外包的劣势

1）物流的控制能力减弱。第三方物流企业的介入，使得制造企业自身对物流的控制能力下降，生产企业要承担物流失控的风险，从而降低了企业的客服水平。另外，当双方协调出现问题时，由于第三方的存在，双方更容易出现相互推托的局面，影响物流的效率。

2）客户关系管理的风险。生产企业是通过第三方物流来完成产品的配送与售后服务，削弱了企业与客户之间的关系，不利于稳定密切客户关系的建立。而且客户信息是一个企业非常重要的资源，第三方物流企业有很多客户，他们在为企业的竞争对手提供服务的时候，增大了泄露企业商业秘密的可能性。

3）连带经营风险。物流外包是一种长期的合作伙伴关系，如果物流服务商自身经营不好，就会影响企业的运营。而如果解除合作关系，又会产生较高的成本，因为两个企业稳定的合作关系是需要较长时间来磨合的。

1.3.3 汽车物流混合模式

当今汽车物流中，许多汽车企业没有采用完全的自营模式或完全的外包模式。一般而言，汽车生产企业大多拥有一定量的物流资源，所以一般会选择部分业务自己完成，部分业务选择外包，这种模式就是汽车物流混合模式。通过这种模式，汽车生产企业既可以对一些核心环节采取物流自营模式，从而提高控制程度，又可以对非核心环节的物流需求实施外包，以降低成本、提高效率、提高服务质量，因此混合模式是汽车物流领域中的一种较为常用的选择。

 1.4　我国汽车物流现状

1.4.1 供应链采购下的零部件供应物流

由于汽车制造业涉及的上下游环节非常多，汽车物流业一直都被国际物流同行公认为是最复杂、最专业的领域。从以汽车制造企业为核心的供应链来看，汽车物流的主要组成部分可分为零部件供应商的运输供应物流、生产过程中的储存搬运物流、整车与备件的销售物流和工业废弃物的回收处理物流等。

在汽车行业产、供、销链条中，零部件采购管理是企业经营管理的重要环节之一。随着汽车行业分工精细化发展的趋势，零部件的生产功能和物流配送功能都将从制造企业中剥离出来，把生产供应物流管理的部分功能委托给第三方物流系统管理，实行零部件供应链采购。

供应链采购是一种供应链机制下的采购模式，即汽车零部件的采购不再由汽车制造商操作，而是由零部件供应商操作。实施供应链采购，汽车制造商只需把自己的需求信息向供应商连续及时地传递，由供应商根据汽车制造企业的需求信息，预测未来的需求量，并根据这个预测需求量制订自己的生产计划和送货计划，主动小批量多频次向汽车制造商补充零部件库存。供应链采购模式改变了汽车零部件设计、生产、储存、配送、销售、服务的方式，有效地缩短了企业内生产线的长度，提高了生产效率。

1.4.2　实现精益生产的生产物流

　　汽车生产过程是一个复杂的系统工程，单就汽车装配而言，通常在一条装配线上混流装配两个或两个以上平台、十几种配置的轿车，生产节拍是每小时20～40辆车，每种车型的装配零部件是3000多种，涉及上万个复杂的生产工序。生产线旁的物流位置有限，极易发生零部件的堆积和断档，上万种零部件必须准确地送到消耗点，这是汽车生产物流管理的难点。

　　为了提高劳动效率，彻底消除无效劳动和浪费，必须推行精益生产方式，连续不断地向生产线准时供货，保证精益生产方式实现的汽车生产物流战略的核心是准时化生产，改进劳动组织和现场管理，彻底消除生产制造过程中的无效劳动和浪费。

1.4.3　实施柔性化管理的销售物流

　　汽车销售是汽车制造企业实现价值的过程。选择正确的汽车销售物流战略，是汽车制造企业能否生存和发展的重要条件。汽车生产向多品种、小批量方向发展的趋势越来越明确，汽车生产商难以对市场做出准确的预测，很容易造成生产计划的频繁变动，需要汽车物流系统以顾客需求为源头逐步拉动上游工序的运作模式。

　　柔性化汽车销售物流系统是用"以顾客为中心"的理念指导销售物流活动，建设与之配套的柔性化的物流系统，根据顾客需求的变化来灵活调节物流服务。在这方面，一些汽车企业已经有所涉足，如通过配送加工对部分部件加装以吸引顾客，展示汽车性能的包装、装饰；通过第三方物流企业的运输服务，直接把轿车运送到各地区经销网点进行销售，对顾客实现了零公里的交货承诺；通过储存过程中检修、保养服务，实现了汽车的"保鲜储存"等。

1.4.4　实现"绿色物流"目标的回收物流

　　实现"绿色物流"目标的回收物流汽车制造企业在零部件生产、整车装配、销售等活动中总会产生各种边角余料和废料，如果这些回收物品和废弃物处理不当，往往会占用生产空间，影响整个生产环境和产品质量，甚至会污染环境，造成不可忽视的社会影响。在这个物流活动中，零部件生产商、整车装配商和物流供应商都不能只考虑自身的物流效率，而必须从整个产、供、销供应链的视野来组织物流，通过对回收物和废弃物的循环利用，在物流过程中抑制物流对环境造成危害的同时，实现对物流环境的净化，使物流资源得到最充分利用，这就是汽车物流实现绿色管理的目标。

1.5　案例分析

上汽通用五菱青岛分公司厂内物流现状及改进方案

　　上汽通用五菱汽车股份有限公司青岛分公司是上汽通用五菱汽车股份有限公司（以下简称上汽通用五菱）在北方的生产制造基地，目前整车产品主要有五菱荣光系列微型客车、货车，并不断有新产品投入市场。所生产的整车和发动机除满足公司自身需求外，还销往 SGM（上海通用汽车公司）和海外市场。目前已形成年产 6 万辆整车的生产能力，对于如此大的生产需求，需要专业的厂内物流支持才能正常运转。作为微车行业领先的大型汽车制造企业上汽通用五菱具有相对完善的采购系统和仓储、配送系统，为了满足社会公众的需求，上汽通用五菱追求创新、极限和发展，逐渐形成具有企业特点的一体化厂内物流模式。但是在实际的厂内物流应用中，一些问题也是切实存在的。

使得上汽通用五菱的厂内物流成本和效率不能得到控制，制约企业的发展和进步的问题主要体现在以下三个方面：

1）第三方物流公司服务水平不高。

2）信息系统不够完善，生产、配送计划衔接不够紧密。

3）库存管理存在的问题。

针对这些问题，上汽通用五菱厂内物流进行了如下改进：

1. 寻找品质较好的第三方物流

第三方物流的服务质量和服务效率是影响厂内物流质量的关键因素，因此，需要强化对第三方物流企业的调查工作，由市场调查人员对第三方物流公司的信誉和服务质量进行调查，选择服务质量、信誉上佳的第三方物流公司。针对物流公司，企业需要加强监管力度，适当地组成管理小组，对第三方物流公司进行监督，促使服务质量的提升。采用战略和做伙伴的方式，带动第三方物流公司的服务质量提升。

2. 强化厂内物流管理系统的建立

针对上汽通用五菱的实际情况，重视厂内物流管理系统的建立，促使物流信息可以得到有效的传递，并科学地对 GPS 技术进行应用，通过 GPS 技术科学地对运输车辆进行定位，判断物流车辆的基本情况，从而实现对运输车辆的运输情况进行控制。科学地制订生产计划和配送计划，强化信息的采集、分析和处理，并根据物流的基本情况，制定有效的物流管理措施，进而积极推动厂内物流质量和效率的提升。

3. 构建完善的库存管理体系

1）结合仓储管理系统，科学地对原材料进行登记、分类，并制定有效的原材料清单，按照制定的清单将材料进行分类堆放，保障材料统计的有效性和准确性，为后续的核算提供基础参数。

2）强化对原材料的保护工作，科学地对材料进行分开放置，避免原材料之间的杂乱。针对部分存放要求较高的材料，强化对该部分材料的保护工作，避免阳光的直接照射，并保障材料可以始终处于干燥的状态。

3）建立完善的仓库管理制度，促使仓库管理人员可以严格按照制度进行仓库管理。构建完善的责任制度，将材料库存管理质量和安全与相关管理人员的绩效挂钩，提高库存管理人员的工作质量，避免库存材料的损害，降低成本。

第 2 章

汽车企业采购物流

2.1 汽车产品生产采购和管理

　　采购是发生在企业外部向供应商购买商品的一种商业行为，采购过程中伴随着物资资料所有权的转移，同时伴随着物流、信息流和资金流等活动。汽车采购是指为保证汽车产品的生产所需要的原材料和零部件的采购。汽车生产采购物流在汽车物流中处于汽车物流的前端，占有重要地位。

2.1.1 汽车采购物流的主要内容

　　汽车生产采购物流流程如图2-1所示 。

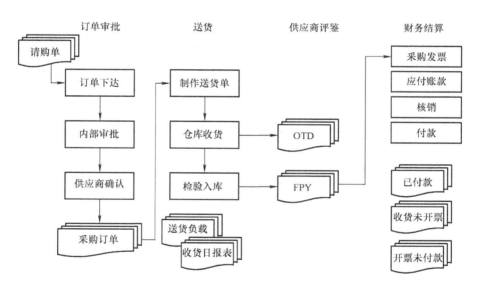

图2-1　汽车生产采购物流流程

1. 汽车零部件采购物流

　　汽车零部件采购物流是汽车零部件物流的主要组成部分和上游供应链物流，包括生产计划制订、采购订单的下放及跟踪、物料清单维护、供应商的管理、运输管理、货物的接收仓储管理。我国现行的汽车零部件采购物流运输、配送等系统由于信息交流困难，物流资源不能有效整合等原因，已经不能满足现代汽车行业市场竞争的需要。如果不能解决好采购物流中具体环节的问题，那么整车厂势必处于劣势地位。

汽车零部件采购物流是集现代运输、仓储、保管、搬运、包装、流通加工及物流信息于一体的综合性管理体系，是沟通零部件供应商、汽车生产商、批发商、零部件商、物流公司及最终用户的桥梁，更是实现商品从生产到消费各个环节的纽带。零部件采购物流又称为入厂物流、供应物流。

（1）进口零部件采购　目前中国汽车生产零部件采购大都是采用进口零部件采购，即 CKD 的形式。CKD 是 Complete Knock Down 的缩写。海外供应商将汽车生产所需的零部件和配件运往其整合包装中心，在整合包装中心按批量进行包装，然后依据客户指定的时间，将包装好的零部件装入集装箱发货至海外港口，通过海运形式直达中国港口。在中国海关报关清关后运往中国总车厂进行组装。CKD 的供货方式主要有三种：①按批量供货方式。即汽车的组装清单全部掌握在海外制造商手中，他们根据国内生产商达成的供货批量，将海外的零部件成批运入中国组装厂。目前大部分企业采取的都是这种形式。按批量供货方式的优点是整车厂没有风险，唯一的技术风险就是零部件缺损所带来的问题。②按单件订货方式。这就要求国内的组装厂有足够的能力管理组装清单。总车厂向海外提供的订单是根据生产的需求订购的。按单件订货方式的优点在于采购灵活，整车生产厂可根据市场情况灵活调整生产。③混合型。整车生产厂对关键零部件采取批量订购的形式，对消耗件（如螺钉、螺母）则以单件订购形式，以保持一定的库存，保证生产的顺利进行。这是很多汽车生产企业从批量订货到单件订货的转型阶段。

（2）国内零部件采购　即在我国本土范围内进行汽车零部件采购。国内零部件采购流程如图 2-2 所示。

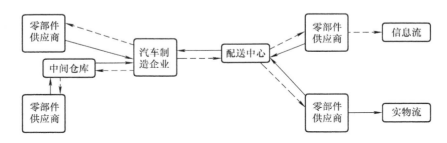

图 2-2　国内零部件采购流程

在这个体系中，零部件制造企业是供应链上的重要组成部分，而汽车制造企业则是供应链的核心，它是信息的控制中心，是供应链的驱动机构，与零部件和物流供应商信息共享、相互支持，使供应链上各方共赢。这个环节组织得好可以大幅度缩短产品生产周期，提高对市场的反应速度和柔性，降低物流成本，提高供应链的敏捷度，所以它是汽车制造企业增强供应链竞争能力的重要环节。

2. 原材料采购

原材料是指产品在未经加工之前的初始状态，是一切产品的构成要素。汽车生产是汽车企业将原材料转化成汽车产品的加工制造过程。因此，原材料的采购成为汽车企业进行生产的先决条件与基础。汽车企业在采购原材料时应注意几点：①保证原材料的质量是汽车生产和采购时遵循的根本原则，汽车企业只有使用了高质量的材料才能生产出高质量的产品，进而实现产品的价值。②采购过程中应根据企业的进度和库存确定采购的时间和采购量，避免生产中出现原材料不足或库存大量积压的情况。③在保证质量和供应的情况下，获得最低的采购价格对汽车企业来说也极其重要。

汽车原材料的采购者应对所需材料的资源分布、数量、质量、市场供需情况进行调查，作为制订采购计划的依据。同时，要及时掌握市场变化的信息，进行采购计划的调整或补充。汽车原材料的采购数量在采购决策中是一个重要问题。采购的具体方法将在下文中讲到。

3. 整车企业分布及零部件需求

目前我国约有 145 家整车制造厂，3000 多家汽车零部件制造厂分别围绕几大整车厂，每一个大型整车生产企业周围都有由数目庞大的零配件生产企业、供应企业群所构成的产业群落。国内各大汽车制造企业，特别是一汽大众、二汽东风和上海大众"三大"汽车集团，各自为政，建立了各自独立的供应商体系。

东风汽车公司将所属的 16 家零部件子公司联合起来，成立了"东风零部件事业部"，并正在逐步往汽车零部件控股公司过渡。上海大众每年零部件采购额达几十亿欧元，主要是通过从中国本土采购和从欧洲及南美洲进口 CKD 散件。目前上海大众零部件的本地供应已经占到了总量的 87%，大约有 360 多家供应商，其中 80% 以上集中在江浙一带，而且绝大部分分布在上海大众方圆 100km 的周边地区。2003 年 7 月 12 日，上海大众与汽车物流服务商安吉天地签了汽车零部件入厂物流合同。这是目前国内第一个汽车零部件入厂物流一体化合同。根据合同，安吉天地将为上海大众在安亭的三个汽车装配厂和两个发动机厂提供所有零部件入厂物流服务。

2.1.2　采购方法和流程

1. 采购方法

采购是指企业为了达成生产或销售计划，从适当的供应厂商，在确保适当品质下，于适当的时期，以适当的价格，购入必需数量的物品或劳动所采取的一切活动。采购的基本原则，即所谓的"5R"原则：

（1）适当的供应商（Right Vendor）　所谓"男怕投错行，女怕嫁错郎"，而采购最怕选错供应商。因此，采购管理的工作原则之一，即如何慎选合格厂商（Qualified Vendor），以建立平等互惠的买卖机会，维持长期合作的交易关系。

（2）适当的品质（Right Quality）　这就是说，品质是以适合可用为原则。因为品质太好，不但购入成本会偏高，甚至造成使用上的浪费；反之，品质太差，将无法达到使用的目的，并增加使用上的困难与损失。

（3）适当的时间（Right Time）　采购的时间不宜太早或太晚。太早则造成堆积存货，占用仓储面积，占压资金；太晚则导致缺乏原料而使生产停顿，势必引起重大损失。在"零库存"的观念下，适时采购、及时交货是最好的管理原则。

（4）适当的价格（Right Price）　价格应该以公平合理为原则，避免购入的成本太高或太低。若采购价格太高，将使买方负担额外的成本，丧失了产品的竞争能力；反过来说，若采购价格太低，所谓"一分价钱一分货"，卖方将被迫偷工减料，买方无法达到使用的目的。

（5）适当的数量（Right Quantity） 采购的数量不宜太多或太少，应避免"过与不及"。因为采购数量太多，一旦产品需求降低，将造成呆料，若产品推陈出新，则将产生过多的废料；反之，若采购数量太少，或采购品种不配套，保证不了生产需要，将延误买方商机，或因采购次数必须增加而增加费用。

采购方法有很多，按采购地区的不同，采购方法可以分为国外采购和国内采购。国外采购又称国际采购，是指采购方向国外供应商采购的过程；国内采购是指对国内供应商的采购。与国外采购相比，国内采购不存在国际贸易运输、定价的问题，同时具备了采购时间较短，不会出现商业沟通问题等优势。但是，国际采购也存在着采购选择范围大、采购成本低、商品质量好等优势。

2. 采购流程

对于汽车企业来讲，采购流程与其他企业有所不同，但模式是相似的，通常一个完整的汽车采购基本流程包括确认需求、确认供应商、洽谈合同、进货控制、入库、对账和结算等几个步骤。

（1）确认需求 任何采购都取决于企业中某个部门的确切需求。负责具体业务活动的人应该清楚本部门独特的需求：需要什么、需要多少、何时需要。这样，采购部门就会收到业务部门发出的物料需求单。不同的采购部门会使用不同的采购申请单。采购申请单如表2-1所示。

表2-1 采购申请单

编号		年 月 日			共1页 第1页	
FNJ0201						
项次	料号	品名规格	单位	单价	金额	备注

准确地描述需求是采购部门和使用者的共同责任。采购部门和提出需求的部门应进行前期的沟通协调。描述不准确不但浪费时间，还会产生严重的财务后果并导致供应的中断、公司内部关系恶化。任何关于采购事项描述的准确性方面的问题都应该请采购员进行咨询，采购部门不能自行随意处理。

采购的成功取决于采购要求的确定，应制定适当的方法来保证对供应品的明确要求，并让供应商完全理解，如制定规范、图样和采购订单的书面程序；与供应商的协议；所有检查或检验方法和技术要求应指明相应的国家和国际标准等。

物料单是描述需求最常用的单据，物料单如表2-2所示。

表 2-2　物料单

日期：	物料名称	编号：
需求描述		
申请部门		金额
特殊说明		
需求日期		申请人签字：

（2）确认供应商　确认供应商是指在确定汽车产品供应需求后选择供应商的过程。采购标准制定以后，通常采用招标的方式选择经销商，准备投标的汽车零部件生产厂家制定投标方案并进行投标，采购部门对每个投标者的标书进行评估，主要针对供应商提出的价格和费用、产品质量、交付情况和服务水平等方面进行评价，同时还要考虑选择供货的方式和采购形式。汽车生产企业通常会选择与两家以上的供应商进行洽谈，以便进行评估和比较，得到更好的商业条件，最后选择合适的供应商。

（3）洽谈合同　确定了供应商之后，汽车企业的采购部门要与供应商进行多次商务谈判，确定采购价，汽车产品的技术标准和规格、数量以及付款方式等采购条件，然后以书面方式确定下来，签订采购合同。采购合同是供需双方的法律依据，必须按照合同法规的要求拟定，合同的内容要简明扼要，文字清晰，字意确切。合同的签订意味着供货的开始，供货商要按照合同认真履行承诺，准时交货，按进度完成，否则要承担所造成的损失。

（4）进货控制　采购合同洽谈完毕以后，汽车企业的采购部门有责任督促供应商按时送货，根据采购订单的要求和日期保证零部件的顺利送达，以保障生产。同时，还要进行进货量的控制，进货量的控制通常采用定性分析法和定量分析法相结合的方法进行，下文中会有介绍。

（5）入库　入库分为实物入库和单据入库。实物入库是指售货员收材料之前需确认供应商的送货单是否具备以下信息：供应商名称、订单号、存货编码、数量；如订单上的信息与采购订单不符，库管人员应询问采购员是否可以收下。单据入库是指采购员根据检验合格单，将检验合格单上的数据录入资料库中，便于以后对账。采购人员对到达的货物要进行验收，然后才能入库，以确保质量、数量与订购要求相符，不合格的产品不能入库。产品入库以后要按照一定的管理方法进行管理。

（6）对账、结算　汽车企业采购部门的结算部门对采购订单、收货报告、入库信息及发票信息进行核对，然后支付货款。结算方法和流程应符合财务规定和结算办法。

 2.2　采购物流管理

2.2.1　采购物流业务管理

采购物流业务管理是指对有关物流的业务活动进行的管理。主要包括：

1. 物流的计划管理

物流的计划管理主要有长远计划（物流远景规划）、年度计划和季、月、旬生产计划。长远计划通常包括预测未来的物流量及构成，未来运输、存储的发展规模，物流机械化、自动化的发展水平，未来物流经济效果的分析等内容；年度计划是指在对物流活动的各种业务活动预测的基础上，在一个年度内所要达到的物流目标，如对物流的分析，物流设备的更新、维修、改革的估计，物流成本的分析，物流效果的目标及达到这一目标的措施等；季、月、旬生产计划是指各物流部门对各自的业务规定的物流数量、物流质量方面的具体生产计划。

2. 调整物流关系

调整物流关系主要包括物流部门与生产部门的关系、物流部门与销售部门的关系、物流部门内部的关系等。物流管理要把各种物流活动有机、协调地联系起来，使之尽可能达到同步运行，这对物流水平的提高具有十分重要的意义。

3. 物流经济活动管理

对物流各种经济活动进行管理，是物流管理中的一项重要内容。物流管理的目的就是为了使人、财、物得到合理的运用，以取得最佳的经济效果。物流经济活动管理包括物流成本管理、物流费用分析、物流成果预测等内容。

4. 物流的系统管理

物流的系统管理主要通过物流情报系统和物流作业系统两方面的管理来实现。物流情报系统是组织、调整物流活动的"眼睛"，通过订货、发货、库存等一系列情报的管理，掌握生产、销售、物流信息是物流情报系统管理的目的。物流作业系统分别由包装、装卸、运输、保管等子系统组成，对上述这些子系统进行合理的组织、安排、调度是物流作业系统管理的目的。

5. 物流的人才管理

物流的人才管理主要包括物流人才的合理利用、物流人才的培养等内容。合理的物流系统的建立，物流新技术的发明和推广，科学的物流方案的设计与选定，物流经济效果的提高，全要依靠合格的物流人才来完成。

2.2.2 采购物流技术管理

物流技术管理是指对物流活动中的技术问题进行科学研究、技术服务的管理。物流技术在发展过程中形成了物流硬技术和物流软技术这样相互关联、相互区别的两大技术领域。

1. 物流硬技术管理

物流硬技术管理是指对组织物资实物运输所涉及的各种机械设备、运输工具、仓库建筑、站场设施以及服务于物流的电子计算机、通信网络设备等进行的管理。

2. 物流软技术管理

物流软技术是指为组成高效率的物流系统而使用的应用技术。物流软技术管理是对各种物流设备的最合理的调配和使用。

上述管理内容的具体实施，按照进行的顺序可以划分为三个阶段，即物流计划阶段、物流实施阶段和物流评价阶段。

1）物流计划阶段。物流计划是为了实现达到的目标所做的准备性工作。首先，要确定所要达到的目标，以及为实现这个目标所进行的各项工作的先后次序。其次，要分析研究在物流目标实现的过程中可能发生的各种影响，尤其是不利因素，并确定对这些不利因素的对策。最后，要提出贯彻和指导实现物流目标的人力、物力、财力的具体措施。

2）物流实施阶段。物流计划确定以后，要把物流计划付诸实施。物流实施管理就是对正在进行的各项物流活动进行管理。它包括对物流活动的组织和指挥，对物流活动的监督和检查，对物流活动的调节等活动，因而在物流各阶段的管理中具有突出地位。

3）物流评价阶段。物流评价是对物流实施后的结果与原计划的物流目标进行对照、分析的过程。可分为专门性评价和综合性评价：专门性评价是对物流活动中的某一方面或具体活动做出的分析，如仓储中的物资吞吐数量完成情况、运输中的吨公里情况等；综合性评价是对某一管理部门或机构物流水平的全面分析，如仓库的全员劳动生产率、运输部门的运输成本等。

对于一个具体的企业来说，物流管理的最直接效果在于对其成本的减少或利润的增加。例如，企业流动资金的大部分是被购入的物资材料及半成品等所占用的，因此，供应物流的严格管理及合理化对于企业的成本有重要影响；通过销售物流，企业得以回收资金，进行再生产。销售物流的效果关系到企业的存在价值是否被社会承认，因此，销售物流的合理化对增强企业的竞争力可以收到立竿见影的效果；生产物流的均衡稳定可以保证在制品的顺畅流转，缩短生产周期。在制品库存的压缩、设备的均衡化对企业的生产秩序、生产成本也有很大的影响。

2.2.3 我国汽车零部件采购物流的主要难点

汽车零部件采购物流面对的主要矛盾是确定需求与保障供给。在实践中，这些难点主要集中在以下方面：

1. 柔性连接

如今，在大规模订制生产模式中，汽车制造厂以客户订单为依据来安排订制产品的生产，生产与需求在理论上应该同步，这样既保证生产时有充足供货，又不会产生库存而占用资金和仓库。通过对市场需求订单的预测，适时做好生产的资源准备，以采购供应物流的及时供货保证产品的准时交付。而实践中，市场需求瞬息万变，工业化准备需要一定的时间，正是这个时间差，给汽车制造业的零部件供应物流带来了极大的困难。

由于整车厂向供应商发出送货请求后，由供应商而不是整车厂向物流公司下达指令，整车厂更改需求信息也只是提供给供应商，而并不提供给物流公司。在这种模式下，物流公司看不到整车厂的计划，不能提前准备物流计划，且由于时间约束，物流对已经形成的物流计划不能根据主机厂实时要求做及时变更。

2. 信息化管理

汽车供应链上的所有企业均或多或少，或深或浅地装备了信息化设施，实现了一定水平的信息化管理。然而，各类管理软件相对简单，大部分只是企业内部局部管理软件，软件之间呈孤岛形态，很少有企业建立了整个供应链的综合信息管理系统——全面解决方案。现代物流以信息化管理为标志。然而，企业对物流信息技术的运用还处在初级阶段；由于管理软件供应商与用户之间沟通不畅，IT技术人员通常缺乏管理经验，对于供应链管理流程的复杂性认识不够，开发出来的软件产品很难满足企业的需要，现代信息化管理是优化采购物流的关键点。

3. 质量保证体系

汽车由成千上万的零部件组成，汽车整车质量必须由零部件的质量、物流运输的质量、保管配送的质量和装配的质量来保证。没有上游供应商和采购物流环节的质量保证，整车厂的产品质量就是空中楼阁。工业化水平和管理水平决定了质量保证体系的构筑和良性运行，是精益生产的基础保障。但是，良性运行所涉及的因素众多，而协调平衡的难度制约了质量保证目标的实现。

4. 运输成本和效率

实际的运输操作中，由于不合理运输而导致的成本高、效率低，是非常普遍的现象。不合理运输是在现有条件下可以达到的运输水平而未达到，从而造成了运力浪费、运输时间增加、运费超支等问题的运输形式。

5. 库存合理性

实践中诸多的不确定因素（如订货提前期、货物的运输状况、原料的质量、生产过程的时间、运输时间、需求的变化）引起供应商库存积压、采购物料价格升高，导致汽车制造商零部件采购成本增加。库存成因分为两种：①合理生产运作造成的。②由于供应链上的不确定性因素造成的。第一种库存是合理的，可以有效缓解供需矛盾，尽可能均匀地保持生产；第二种库存是不合理的，常常掩盖生产经营过程中不确定的需求与预测、不可靠的供应商、产品与服务的质量问题以及生产能力不足等诸多问题。

2.3 采购物流中的运输

运输的任务是将物资进行空间转移，它不改变产品的实物形态，也不增加其数量，但它解决了物资在生产地点和需要地点之间的空间距离问题，创造出了商品的空间效用，满足了社会需要。

作为企业"第三利润源"的物流，完成其改变"物"的空间位置功能的主要手段是运输。综合分析表明，运费占全部物流费用近50%的比例。现实中，依然有很多人认为物流就是运输，就是因为物流的很大一部分功能是由运输完成的。由此可见，运输在物流中占有重要地位。

2.3.1 运输的特点

运输是指对运输主体的运送及输送。运输主体主要指物，它是在国民经济发展的各个环节中，在不同空间、不同地点（如两地、两个工厂以及大型企业中距离较远的两个车间之间），使运输主体发生转移，以达到改变"物"的空间位置的活动。与搬运和配送相区别，运输一般活动范围较大，而搬运和配送的活动范围较小。

1. 运输是在流通过程中完成的

运输表现为产品的生产过程在流通领域中的继续。当产品投入流通领域之日起，就企业来讲，就已完成了生产过程，而运输则在流通领域继续从事生产，它表现为一切经济部门生活过程的延续。由于运输业不断为企业生产提供原料、材料、燃料和半成品，以保证企业不间断地从事生产，因此，它对于充分发挥生产资金的作用和加速流通资金的周转有着密切关系。

2. 运输不产生新的实物形态产品

运输不改变劳动对象的属性和形态，只是改变它的空间位置。它参与社会总产品的生产，但社会产品量不会因运输而增加。运输生产所创造的价值附加于其劳动对象上。对具体的货物而言，运输产品附加在其成本上，在交换中列入流通所需资金。

3. 运输产品计量的特殊性

运输生产的劳动产品是以运输量和运输距离进行复合计量的。任何单一的计量都不能确切地反映出运输产品的数量。运输产量的大小直接决定着运输能力和运输费用的消耗。

4. 运输费用在物流成本中占有较大的比例

在整个物流费用中，运输费用与其他环节的支出相比是比较高的，运输费用与运输量成正比，与运输路程也成正比。运输路程越远，运量越大，运输费用也就越高，在整个物流费用中所占的比例也越大。为了实现不断降低物流费用的目的，运输就成了具有很大潜力的领域。一种运输方式的改进，一条运输线路的择优，一项运输任务的合理组织等，都会对降低运输成本起巨大的作用。

在所有的物流功能中，一个最基本的功能是运输。随着现代物流不断发展，物流的概念早已不是单纯的运输，但运输费用依然占据整个物流费用中很大的比例。物流的概念说明物流是直接改变了"物"的时间及空间状态。运输作为物流中改变物的"空间状态"的主要手段，再辅以搬运、配送等活动，就能完成物流中改变"物"的空间状态的全部任务。

物流被称为企业的"第三利润源"，其本意就在于随着社会化大生产的不断发展，到今天，想在生产、销售等各个环节大规模地节约成本、降低费用已经很难实现。专家们发现，在流通领域中，随着技术不断进步，信息技术不断丰富，以及现代物流企业不断涌现，专业化的物流不仅能够起到传统运输的作用，更能根据实际情况分析、设计出较优的物流运输体系，而这已成为各企业纷纷争取努力降低成本、增大竞争实力的有利途径。众所周知，运输不同于静止的保管，要靠大量的能量消耗来实现"物"的空间位置转移的功能。在绝大多数情况下，运输物品的空间位置转移都有两种或两种以上的选择方式。如何选择运输方式，以及选择何种运输方式将更趋专业化。由于运输的消耗是巨大的，因而合理的选择将带来更低的成本。

由于某些运输的里程很大，在各种运输手段不断完善的今天，通过各种运输工具的相互配合，各种运输手段的不断增强，联运、代理等服务项目的不断涌现以及国家流通体制改革的不断完善和国家对基础设施投入的不断增加，整个社会的生产成本将能获得更大的节约。

2.3.2　运输方式选择

1. 铁路运输

铁路运输的运输距离较长，货运量较大，在干线运输中起主力军的作用。传统的理解是我国运输在没有水运条件的地区，所有的大批量、长途客货运输基本上都依靠铁路。

（1）铁路运输的特点　铁路运输的特点明显，具体表现为：

1）运送速度较快。由于铁路列车是在自己的专用轨道上行驶，这样基本不受其他外界干扰，在近几年我国铁路连续几次提速的情况下，铁路列车的速度有了显著提高，高速铁路列车运行时可达 350km/h。

2）适应性强。铁路几乎可以在任何需要的地方修建，可以实现全年全天候不停地运营，具有较高的连续性和可靠性。另外，它基本不受自然条件的限制，能够在绝大多数气候条件下正常运行。这样可以保证运输的连贯性，这是其他运输方式所不能比拟的。

3）运载量大。铁路运输依靠大动力机车牵引，可以轻松地拖挂多节车皮，铁路货车运载量一般为 60～100t，而专用车皮的运载量可能会更大，一般的货物运输列车可以同时拖挂 50～70 节车皮，并且铁路运输部门可以根据运输量的大小随时增加或减少运力安排，这样能够在满足运输的前提下尽量节约成本，由于铁路运输量大、可调节，则使铁路运输成本相对较低。

当然，铁路运输也有不足之处，由于铁路路线的建设是固定的，所以运输也只能在固定的线路上进行，这样就必须要与其他的运输手段配合使用，在衔接的过程中，必然会带来很多不便之处，比如运输速度减缓，在装卸的时候会出现货物损失等。另外，如果是近距离运输，则费用相对较高。一般认为，铁路运输的经济里程在 200km 以上。

（2）铁路运输货物受理的种类　铁路运输货物受理的种类分包租车皮、集装箱运输的受理、混载货物受理、装卸货物受理、小件货物包装防损受理等。

1）包租车皮（整车装载）。包租车皮的货物没有规定特别的限制，几乎所有的物资都可以采用包租车皮的运输方式。

包租车皮是送货人或货运代理业者向铁路方面租借车皮，将货物装进车皮后，再委托给铁路运输的方式。向车皮装货、卸货，到达车站后的配送等都由货主亲自进行，或者可以委托给货运代理业者进行。

2）集装箱运输的受理。当集中了 5t 或 10t 的货物时，利用集装箱运输是很方便的。集装箱是具有一定规格的运输容器，可以运输形状、大小、重量各异的各种包装货物。由于装卸机械化，不仅可以缩短运输时间，并能防止货物的破损和丢失。集装箱的种类除普通集装箱外，还有冷藏、槽罐、加料斗等特殊集装箱。

3）混载货物受理。所谓混载货物受理，就是由货运代理业者把不是特定的多数货主的小批量货物收集起来，按照不同的目的地，集中装载在包租车皮或集装箱中，作为一个基本运输单位再委托给铁路运输。

4）货物受理。所谓货物受理，就是不特定的多数货主把小批量货物委托给铁路进行运输。送货人、收货人、发站人、发站、到站、托送时间以及运费和费用支付方式都相同，运输条件也尽可能按照铁路货物规定的同一条件。

2. 公路运输

公路运输主要是指使用各种车辆，包括汽车、人力车、畜力车等运输工具在公路上进行客货运输方式。在我国长期以来，对于公路运输的界定是主要承担距离较近、批量较小的运输项目，以及水路和铁路难以到达地区的运输，另外对于铁路、水路难以实现其优势的运输间隔一般也选择公路运输。一般而言，公路运输的经济半径为200km。然而随着我国公路建设步伐的逐渐加大，公路运输的经济里程也在不断增长。比如随着京沪高速公路的开通，北京到上海近1000km路程，客、货运输已经从铁路运输向航空及公路运输分流。更有甚者，比如北京到太原，采用公路运输可节省近三分之一的时间。

随着我国公路建设速度的不断提高，公路运输的各种优点也将不断体现出来。公路运输具有速度较快，灵活性强，投资较低，建设周期相对较短，对运输设施的要求不高等优点，是实现门到门运输的最好运输方式。也正因为如此，公路运输是门到门运输的主要承担者，这样，从发货者到收货者，既不需要转运也不需要反复地装卸搬运，对于提高运输质量和运输速度都有明显好处。另外，由于在运输途中受到外力的冲击很小，包装也可以简单化。它的缺点是不太适合大宗商品的运输，而且长距离运输的费用也较高。

3. 水路运输

水路运输是指使用船舶在通航水道进行客货运输的运输方式。水路运输因为运量大，成本低，所以发展很快。水路运输可以根据运输的线路、地理位置的特点选择多种不同的运输工具。在内河运输中，因为主要是连接陆地内的江、河、湖泊等水道，因此运距不是太大，主要使用中、小型船舶及拖船、挂船等运输工具进行运输。对于沿海和近海运输，主要任务是沿大陆附近的航道运送客货或在邻近国家之间来回运转。此过程由于距离不是太远，运输过程中使用中小型海洋运输船舶较多。远洋运输是跨大洋的远程运输，一般要选用大型的远洋运输船舶。专业运输要选用大型专业运输船舶，比如集装箱船、冷冻船、油船、液化气船、载驳船等。

水路运输因为能以较低的成本进行远距离、大批量的运输，因此自古就被人类加以利用。但水路运输的缺点也是比较明显的：首先，水路运输只能在有水道的地方以及沿海加以利用，而在内陆地区，尤其是大陆性干旱地区就没有可用资源，这就使得水路运输的适用性降低，并且水路运输必须要靠其他运输手段加以配合、衔接才能够实现完整的运输。其次，水路运输的运输速度较慢，船舶在水中行驶，水给了船舶以浮力，同时也产生了巨大的阻力。随着科学技术的日益进步，船舶的运行速度也在不断提高，但整体来看，运输速度还是较慢，尤其是在内河航运中，当船舶逆流运行时，速度更慢，比如从上海到重庆，一般船舶需要航行10天以上，而铁路列车可在2天左右到达。最后，水路运输受季节、气候的影响较大，在枯水的季节，航道会影响大吨位的船舶运行，有些航道甚至因此停航。另外，在高纬度地区，在冬季会遇到河流冻结，使得航行中断。另外，水路运输还会受到各种灾害性天气的影响，比如台风、暴雨，将会使海洋运输受到影响，如果处理不当，会造成很多不可想象的灾难；还有雾、雨等天气也会影响到水路运输的正常进行。

4. 航空运输

航空运输是指使用各种航空器进行客货运输的运输形式，目前使用的最主要的航空器是飞机。航空运输因为其速度快、效率高，在运输行业中所占的比例已经越来越高。航空运输优势明显，除了运输速度快、效率高外，航空运输可以不受各种地形的限制，这对很多交通不发达地区尤其适合。另外，航空运输还具有运载货物破损率小，节省包装、保险和储存费用的优点，附加值高的商品在一定运行里程以上选择航空运输将能更大地节省成本。

在航空运输使用越来越频繁的时候，我们也应该注意到，航空运输在运输行业中所遇到的最大限制是运输的成本较高。因此，一般意义上认为，航空运输是用来运载那些价值高、体重轻、易损、鲜活的商品以及一些急需的商品、物资，比如精密仪器、保鲜期短的农副产品、急需商品和救灾物资等。

5. 管道运输

管道运输是各种运输方式中人们不太熟悉的一种，在一般人看来，运输无外乎就是车、船、飞机三种，其实，管道运输是在现代物流中发展越来越快的一种运输方式。管道运输是指利用管道输送气体、液体的一种运输方式。其原理是运输物品在管道内顺着压力方向不断流动，以实现输送目的的过程。比如石油或天然气运输，有些国家也开展煤浆管道运输。与其他运输方式相区别，管道运输最大的不同之处在于其运输载体是静止不动的。

管道运输特点明显，由于运输管道属于封闭设备，这样可以避免在一般运输过程中的丢失、散失等问题，同样也可以避免其他运输设备经常遇到的回程空驶等无效运输问题，这样无形中节约了成本。同时，管道运输具有运输速度快，流量大，环节少，运费低等优点，非常适合连续不断地输送相应物资。

当然，管道运输的局限性也很明显。能适合管道运输的物品还不多，仅仅适用于流体物质，并且管道铺设的成本很高，一般需由政府出面，才能实现输送管道的铺设，由个人或企业直接铺设或经营可能性不大。当然，随着国家对基础设施投入的不断加大，以及与世界运输业的逐渐接轨，各种运输管道的铺设已经越来越多，距离也越来越长，只有这样，管道运输的效益才能越来越明显。

2.3.3　合理化运输

合理化运输是整个物流学研究的重点，现代物流是建立在运输技术不断发展的前提下的，在研究运输的合理化过程中，我们首先要了解不合理运输的有关情况。

1. 不合理运输

在一般情况下，我们理解的不合理运输主要是指在现有条件下可以达到的运输水平而没有达到，或是由于运输分配不合理、安排不周到所造成的运力浪费、运输时间过长、运费超支等问题。目前存在的不合理运输形式主要有以下几种：

（1）空驶运输　空车无货载行驶是不合理运输中最严重的情况。虽然在实际运输过程中有时必须调用空车，这从管理上不能将其看成不合理运输。但是，由于调运不当、计划不周、不采用社会化运输能力而造成的空驶，在运输当中也是时有发生，是不合理运输的表现。造成空驶运输的原因主要有以下几种：

1）应利用社会运输体系而不利用，只依靠自备车辆进行货物运送，从而出现单程重车、单程空驶的不合理现象。

2）由于工作失误、计划不周、指挥不当等原因，造成货源不实，车辆空去空回，双程空驶。

3）车辆过分专用，无法搭运回程货载，只能单车程实车，单车程空载。

（2）对流运输　对流运输是指对同一货物，或者彼此间可以互相替代而不影响技术和管理水平的货物，在同一路线上做相对方向运送，与对方运程的全部或部分发生重叠。对流运输经常较为隐蔽，比如不同时间的相向运输，在发生运输的时间可能并未发生对流，但实际上发生了不合理运输。

（3）迂回运输　迂回运输是指本可以选取较短的路线进行运输，但舍近求远而选择较长路线进行运输的不合理形式。是否属于迂回运输要看实际情况，如果短距离线路有交通堵塞，或者道路情况不好，运送货品有特殊限制而不得已选择较长路线，不能称之为不合理运输。

（4）倒流运输　倒流运输是指货物从销售地或中转地向产地或启运地点回流的一种运输现象。此种不合理运输造成来去的运输都成为不必要的，形成了双程的浪费。

（5）运力选择不当　运力选择不当是指在安排运力的过程中，没有根据各种运输工具的优劣进行选择，而错误地选择运输工具。常见的形式有：

1）弃水走陆。在同时可以选择水运和陆运时，不利用成本较低的水运或水陆联运，而选择成本相对较高的铁路或公路运输，从而增加了运输成本。

2）铁路及大型船舶的过近运输。这主要是指铁路或大型船舶的经济运行里程较大，机动性较差，装卸时间较长，在近距离发挥不了快速运输的优势。因为大型设备往往准备时间长，装卸难度大，费用也较高。如果运输批量较小，运距较短，则不应该选择大型运输工具进行运输。

3）运输工具承载能力选择不当。这是指在进行运输安排时，不根据承运货物数量及重量合理选择，盲目决定运输工具，造成超载（严重时会损坏运输工具）或是运载工具不能载满，浪费运力的现象。

（6）托运方式选择不当　对于货主来说，可以选择最好的托运方式而未选择，也是一种不合理运输现象。比如，应该选择整车装运而选择零装运，或应选择直达而选择了中转运输。不合理地选择托运方式无疑会增大运输费用和形成运力浪费。

2. 合理化运输的要素

（1）运输距离　在进行运输规划时，运输时间、运费、运输工具周转以及货损等经济指标都与运输距离有一定的比例关系。运输距离长短与否是判断运输是否合理的一个基本因素。

（2）运输环节　运输环节是指运输过程中装卸、包装等活动的数量。每增加一个环节，都会引起费用的增加、货物完好率等技术指标的下降。因此，如何减少运输环节，是合理运输必须要考虑的一个问题。

（3）运输工具　因为各种运输工具的效用有所不同，也相应带来效率和费用的不同，有时可能相差很大，所以合理化运输将不能不考虑运输工具的选择。

（4）运输时间　在物流运输过程中，运输时间也是一个比较重要的评价指标。某些商品对运输时间要求较高，而某些商品则不太紧迫，所以考虑运输时间应该根据具体情况，与运费及其他指标相互参照。随着运输技术的不断发展，运输时间在不断缩短，对合理化运输起到了重要作用。

（5）运输费用　运输费用是判断运输是否合理化的最重要指标。因为所有的判断依据最终都将折算成货币指标。运费占整个物流费用的很大比例，所以在很大程度上决定着运输过程。同时运费的高低也直接决定着物流企业的竞争能力。

3. 合理化运输的有效措施

（1）大力发展社会化运输体系　社会化运输是指为实现运输的综合优势，而将各种运力综合起来，将各个生产单位的运输任务尽量交给专业物流企业来做，以充分利用各种运输手段的优势，尽量做到综合考虑，能够统一安排运输工具，避免对流、倒流、空载等不合理运输的出现，从而提高整体物流运输的绩效水平。单个企业往往运输需求有限，难以实现运输的规模效益，运输中经常会出现空驶、运力选择不当（运输工具有限，选择范围较窄）、不能满载等浪费现象，所以物流运输的社会化显得尤为重要。

当前我国铁路、航空运输的社会化体系已经较为完善，但在公路运输中，中、小单位的自主运输还非常频繁，这应该是社会化运输体系的改革重点。

（2）提高运输的实载率　提高运输的实载率是指在现有运输条件下，尽可能达到合理运输的运输规模。其意义在于，充分利用运输工具的额定运输能力，减少车船的不满载行驶概率，减少浪费。运输的实载率有两层含义：①单车实际载重与运距乘积和标定载重量与行驶里程乘积的比率。②车船的统计指标，即一定时期内车船实际完成的货物周转量占车船载重量与行驶公里乘积的比率。在计算车船行驶公里数的时候，不但要包括载货行驶，也要包括空驶。

我国曾经在铁路运输上提出过"满载超轴"，其中"满载"是指充分利用列车的容积和载重量，多载货、不空驶，从而达到合理运输的目的。"超轴"是指在机车能力允许的情况下，多加挂车皮。在我国运力紧张的时候，经常采用此办法。这个做法对推动当时运输事业的发展起到了积极的作用。当前，集货运输是提高铁路运输满载率的有效手段。将需要远程运输的货物整合装车，进行干线运输，以达到合理运输的目的。

（3）在运输过程中，进行"公铁分流"，在中短距离运输中实行"以公代铁"政策　在公路的经济运行里程内，或者经过计算，铁路等其他运输方式并不能起到更大节约作用的情况下，应该尽可能选择公路运输。这种措施的合理性主要表现为两点：①对于比较紧张的铁路运输，用公路分流后，可以得到一定程度的缓解，从而加大该路段的运输通过能力。②充分利用了公路门到门和在中途运输中速度快且机动灵活的优势来改善我国运输状况。目前，中短距离的运输中，"以公代铁"在杂货、日用百货运输以及煤炭运输中较为普遍。

2.4　采购物流中的仓储

2.4.1　仓储的作用

在物流系统中，仓储是一个不可或缺的构成要素。仓储业是随着物资储备的产生和发展而产生并逐渐发展起来的。仓储是商品流通的重要环节之一，也是物流活动的重要支柱。在社会分工和专业化生产的条件下，为保证社会再生产过程的顺利进行，必须储备一定量的物资，以满足一定时期内社会生产和消费的需要。

仓库在企业的经营过程中扮演着货物中转站的角色，企业经营中所需的大量原材料及成品货物几乎都是由仓库发出的。仓库中的货物状态是好是坏，是多是少，是否与企业经济活动相匹配，是否可以使企业达到在满足客户服务要求的前提下尽可能地降低库存水平，节省库存成本，提高物流效率，强化经营竞争力的目标，这一切都有赖于科学的库存管理。

仓储是指在货物入库到货物发放过程中，以尽量少的代价来保管好在库货物，为企业经营活动的正常运转提供可靠的货物供应，保证不短缺、不积压、不破损、不变质。

仓储在物流管理中发挥着不可替代的作用。其主要作用如下：

1. 发挥物流服务中据点和前线的作用

为顾客提供满意的服务，防止顾客采购货物的短缺，并缩短顾客预购货物的时间。

2. 连接生产和消费的时间间隔

产生时间功效，对平均生产、集中消费、集中生产、平均消费进行时间调整，也就是在供应和需求之间进行时间调整。

3. 连接生产和消费在地点上的间隔

如甲地生产、乙地销售或一地生产、多地销售等就要依赖于存储来调节商品在地点间的转移。

4. 调整价格

防止因货物一时充斥市场，超过对该物品的需求，或因货物短缺而引起的行市暴跌或暴涨。

5. 储备作用

在价格下降时大量储存可以减少损失，储存商品还可以应灾害等不时之需，并可以防范突然事件对商品的需求。

6. 降低物流成本

用适当的时间间隔补充与需求量相适应的合理的货物量以降低物流成本，消除或避免销售波动的影响，同时也可保证生产的计划性和平稳性。

当今，仓储管理已由从储存着眼的被动观点变为从流通着眼的主动观点。因而，仓储除发挥上述传统功能外，也发挥着集货、分类、检验、理货的处所功能。

2.4.2　仓储管理

仓储在物流系统中有着调整时间和调节价格的作用，同时仓储业务的多种多样又决定了仓储管理的重要性。仓储管理也正随着经济的发展不断出现新的动态，因而学习和掌握仓储管理的方法是必不可少的。

1. 仓库系统布局

仓库系统布局是仓储管理的首要硬件条件，其合理与否直接关系着仓储管理的效率。好的仓库系统布局是进行高效率、安全仓储管理的首要硬件条件，它包括仓库的位置及仓库内部空间的安排与利用两个方面。

仓库的位置对货物流转速度和流通费用产生直接的影响，并关系到企业对客户的服务水平和服务质量。因而在确定仓库位置时要综合考虑以下因素：客户条件、自然条件、运输条件、用地条件、法规条件，针对这些因素选择仓库系统布局的模式。以下是几种不同类型的仓库系统布局：

（1）辐射型仓库布局 这种布局是把仓库设在分散客户的中心位置，形成以仓库为中心向四周的客户辐射的形态，因而叫辐射型仓库布局。它适用于客户相对集中的经济区域，或者适用于仓库是主干输送线路的一个转运站时的情况。这种仓库布局如图2-3所示。

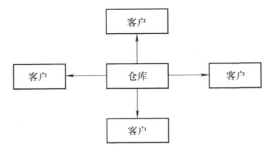

图2-3 辐射型仓库布局

（2）吸收型仓库布局 这种布局是把仓库设在分散的生产据点的中心位置，以形成仓库对生产据点生产的产品的吸收存储形式，因而叫吸收型仓库布局。它大多处于集货中心所处的位置，与各货主位置通行的距离较近。这种仓库布局如图2-4所示。

（3）聚集型仓库布局 这种布局类型与辐射型仓库布局相反，是以客户为中心，四周分散的仓库集中向这个生产企业或用户密集的经济区域运送货物及服务，形成四周仓库聚集的形态，因而叫聚集型仓库。它适用于经济区域中生产企业或用户十分密集，不可能设置若干仓库的情况，只好把仓库设在四周形成聚集型。这种仓库布局如图2-5所示。

（4）扇形仓库布局 这种布局是指仓库设在客户的一侧而不是中心，使产品从仓库向一个方向运送，仓库的辐射方向与干线上的运动方向一致，而不是形成向四周的辐射型。当在运输干线上仓库距离较近，下一个仓库的上风向区域恰好是其合理运送区域时，适合采取这种布局方式。这种仓库布局如图2-6所示。

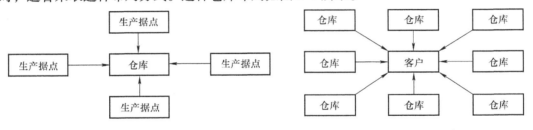

图2-4 吸收型仓库布局   图2-5 聚集型仓库布局

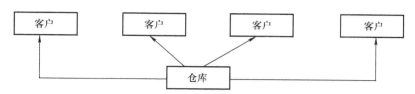

图 2-6　扇形仓库布局

在规划仓库的内部布局时，要考虑以下影响因素：

① 仓库的主要功能。

② 储存对象。

③ 仓库的环境要求。

④ 货位固定与否。

⑤ 平面或立体布局。

⑥ 通道与货架占用空间。

⑦ 机械化程度。

⑧ 分拣作业要求。

2. 仓库设备

仓库设备是进行仓储管理的重要工具与手段，其配置齐全与否直接影响着仓储及整个物流系统的效率，因而要根据仓库的功能、存储对象要求等确定主要设施、设备的配置。仓库设备的配置如表 2-3 所示。

表 2-3　仓库设备的配置

功能要求	设备类型
存货、取货	货架、叉车、堆垛机械、起重运输机械等
分拣、配货	分拣机、托盘、搬运车、传输机械等
验货、养护	检验仪表、工具、养护设施等
防火、防盗	温度监视器、防火报警器、监视器、防盗报警设施等
流通加工	所需的作业机械、工具等
控制、管理	计算机及辅助设备等
配套设施	站台（货站）、轨道、道路、场地等

2.4.3　库存管理方法

库存管理就是为了满足一定时期的商品需要而保持合理的库存量，对一个企业来讲，其所用的物资种类繁多，生产的产品也是多种多样，若对这成千上万种物资和产品都采用同一库存管理方法，费时费工又费钱，可以说没什么实际意义，所以一般企业采用 ABC 分析方法，以突出重点区别对待。

1. ABC 分析法

所谓 ABC 分析法，就是把库存物资按其品种、数量和金额的大小，划分成 ABC 三类，进而针对不同的种类采用不同的管理与配置方法的分析方法。

ABC 分析法的指导思想是 80：20 法则，即一个企业 20% 的产品品种，其销售额占该企业总销售额的80%。在物流领域中，用这种方法对商品品种与销售额或商品品种与数量的相关性加以分析，来决定企业生产的重要品种、服务率、断档率、库存规则和库存量等。

采用ABC分析法，首先将各品种按销售额从大到小依次排序，然后依次将各品种数累计相加，分别计算出品种数的累计占总品种的比例（％）。这样，从销售额多的品种开始，分为ABC三个区域，对ABC三类不同的商品应采用不同的管理方法，ABC不同商品的管理方法如表2-4所示。

表2-4 ABC不同商品的管理方法

品种区分	占总销售额的比例（％）	占总品种数的比例（％）	控制程度	库存配置	订货方法	记录要求	安全库存量	库存检查
A类	60～80	5～20	严格	配送中心	定期订货法（重点管理）	详细	较低	经常
B类	10～25	10～25	一般	仓库和配送中心各半	定期或定量订货法（一般管理）	一般	较大	一般
C类	5～20	60～85	稍微	工厂仓库	两库存法（简单管理）	简单	大量	很少

2. 经济批量法

经济批量法（Economic Order Quantity，EOQ）在库存管理中是决定应该订多少货的最一般的方法。因为总的存储费用主要由库存储存费用和订货费用两部分组成。二者之间有二律背反的关系，也就是说如果每一订货量增大，则订货次数减少，订货费用相应减少，但需存储商品增多，费用上升；反之则相反。因此，经济批量就是指订货费用和库存费用之和最小的一次订货量。

3. 定期订货法

定期订货法是以日、周、旬、月为一定间隔进行定期订货的方式。在ABC分析法中，适合于A类商品，定期订货法大致有以下两种方法：

（1）定期定量订货法 这是在一定时期定量订货的方法，其定量通常以经济批量为标准。这种方法适合于预约性的需要，日用必需品等经常的、固定的商品。

（2）定期不定量订货法 订货时期是固定的，但订货量由每次需要预测决定。其订货量一般由下式求得

$$O = (D + Z) - B$$

式中　O——订货量；

D——（订货间隔＋调整间隔）的需要预测量；

Z——安全库存量；

B——库存残量。

这种方法适合于单价高、备货时间长、需要变动性强的物品以及技术革新快的物品。

4. 定量订货法（订货点法）

库存量下降到一定水平（订货点）就订货的订货方式叫订货点法。在这种情况下，首先确定库存量的最低限度（安全库存量），再考虑供应时间的需要来确定订货点。也就是说，订货点是最小库存量（安全库存量）加上供应期间的需要量，用如下算式求得

$$订货点 = D + Z$$

式中　D——供应期间的需求预测量；

　　　Z——安全库存量。

订货量通常采用经济批量的定量订货法，因此，单纯的定量订货法就是订货点法的别名。在库存达到最低库存量（安全库存量）的时点时，补充货物，使其达到最大库存量，如此周而复始地进行库存管理。这种订货点法，适合于 ABC 分析法的 B 类及销售较稳定的货物。定期订货法与定量订货法管理方式比较如表 2-5 所示。

表 2-5　定期订货法与定量订货法管理方式比较

订货方法名称	定期订货法	定量订货法
订货数量	每次订货数量变化	每次订货数量保持不变
订货时间	订货间隔期不变	订货间隔期变化
库存检查	在订货周期到来时检查库存	随时进行货物库存状况检查记录
订货成本	较低	较高
订货种类	各品种统一进行订货	每个货物品种单独进行订货作业
订货对象	A 类货物，有时 B 类货物亦可采用	B 类及 C 类货物
缺货情况	在整个订货间隔期内以及提前订货期间内均有可能发生缺货	缺货情况只是发生在已经订货但货物还未收到的提前订货期间内

5. 两库存法

将相同物品分别放入两个邻接的容器（或者货棚）保管，先使用其中一个容器的货物，待容器空了时，再对这部分提出订货，并开始使用相邻容器的货物，这就是两库存法。两库存法适合于 ABC 分析法中的 C 类物品和单价便宜、保管不太费事的货物，通常省略记账等手续。

2.4.4　库存合理化

库存合理化是指以最经济的方法和手段从事库存活动，并发挥其作用的一种库存状态及其运行趋势。具体说，库存合理化包含着这样几项内容：

1. 库存"硬件"配置合理

库存"硬件"是指各种用于库存作业的基础设施和设备。实践证明，物流基础设施和设备的数量不足，其技术水平落后，或者设备过剩、闲置，都会影响库存功能作用的有效发挥。如果设施、设备不足或者技术落后，不但库存作业效率低下，而且也不可能对库存物资进行有效的维护和保养，由此将会带来很大损失。但是，如果设施、设备重复配置，以致库存能力严重过剩，也会因增加被储物的成本而影响库存的整体效益。

据此，库存"硬件"的配置应以能够有效地实现库存职能、满足生产和消费需要为基准，做到适当、合理地配置仓储设施和设备。

2. 库存组织管理合理化

库存组织管理合理化主要有这样几种表现：①库存货物数量保持在合理的限度之内，既不缺少，同时也不过多。②货物储存的时间较短，货物周转的速度较快。③货物储存结构合理，能充分满足生产和消费需要。

关于库存货物的数量问题，要想有效地发挥库存的调节作用和实现其创造"时间效用"的功能，就必须储存一定数量的物资。但是，库存物资的数量并非越多越好。事实上，储存数量增加会引起储存损失无限度增加，而保证能力的增加却是有限度的，超出一定限度的储存是有害而无益的。鉴于此，就库存货物的数量而言，合理库存的界限是在保障消费需要的前提下，就低而不就高；就货物储存时间而论，也存在着类似的情况。

实践证明，有些物品经过一段时间的储存（或库存），有时也能更有效地实现其使用价值和价值，从而可以创造出"时间效用"。但是，货物库存的时间无限度地增加，不仅货物的损失会相应增加，而且货物的周转速度自然要放慢。从时间效应的角度来衡量库存运动，最优（或最佳）的货物库存时间理应是在满足生产和消费需要及实现库存功能的前提下，货物快速周转所需要的时间。

3. 库存结构符合生产力的发展要求

从微观上讲，合理的库存结构是指在总量上和储存时间上库存货物的品种和规格的比例关系基本上是协调的，不能出现此多彼少、此长彼短的现象；从宏观上讲，库存结构符合生产力发展要求，意味着库存的整体布局、仓库的地理位置和库存方式等应有利于生产发展。在社会化大生产条件下，为了发展规模经济和提高生产、流通的经济效益，库存适当集中应当是库存合理化的一个重要标志。因为库存适当集中（即以社会化、集中化的库存取代一家一户的分散库存），除了有利于采用机械化、现代化方式进行各种操作以外，更重要的是它可以在降低储存费用和运输费用及提高供应能力等两个方面取得优势。

无数事实证明，以集中化的库存来调节生产和流通，在一定时期内，库存货物的总量会远远低于同时期分散库存的货物总量，因此相对来说，其资金占用量是比较少的。与此同时，由于库存比较集中，所以储存货物的种类、品种更加齐全。在这样的结构下，库存的保供能力自然会更加强大。

2.4.5 零库存管理

零库存是一种特殊的库存概念，其含义是使某种或某些种货物不以库存形式存在，即库存数量为"零"。零库存是对某个具体企业而言的，是在有充分社会储备保障前提下的一种特殊形式。

1. 零库存管理的产生

传统的仓储管理给企业带来了一系列好处，如可以避免缺货，保障向客户供应；可以应对各种意外变化；保证生产与经营过程的连续进行；缩短供货周期；应对产品季节性需求波动；通过价格投机获取利润等。但其弊端也显而易见：仓储占用大量资金，增加库存利息支出，为仓储而发生的不动产投资增大等，更有甚者可能会掩盖企业的管理缺陷，不利于责任明确及提高管理水平。而与此同时，生产的发展，竞争的加剧，对企业降低成本的要求越来越迫切，因而"零库存"作为一种新的降低成本和提高管理水平的方式便应运而生。

零库存管理认为库存是一种浪费，为掩盖管理工作失误提供方便，它要求对整个供应系统的存货进行控制而不是对企业内部的物流进行控制，它强调对存货质量和生产时机的管理而不只强调管理库存成本。

2. 零库存管理的主要运作形式

（1）委托保管方式　委托保管方式是指企业不再设立自己的仓库而把需要储存的物资委托给专门的物流保管企业，从而实现自身的"零库存"。这不但有助于企业减少仓储管理的大量工作，以便全身心地投入生产、提高竞争力，还可充分发挥受托方的专业优势、降低成本、提高效率。

（2）协作保管方式　协作保管方式是指企业通过把工作分包给协作企业，以分包企业的准时供应实现自身库存的降低。

（3）准时制（JIT）方式　准时制方式通过"在适当的时间，把适当的物品，送到适当的地方"这一准时要求实现零库存。这要求工位之间、供应与生产之间有效衔接，良好协调。看板方式是准时制方式中的一种简单有效的方式，也是零库存管理的典型模式。下面详细介绍零库存管理的典型模式——丰田看板方式。

丰田公司的看板管理是一种生产现场管理方法，是应用拉式生产物流控制原理的方法。看板管理是由代表客户需求的订单开始，根据订单产品结构自上而下进行分解，得出完成订单所需零部件的数量。从最终产品到最初零部件反工艺顺序地逐级"拉动"前面的工序。在此过程中，以看板作为"取货指令""运输指令""生产指令"进行现场生产控制。看板作为可见的工具，反映通过系统的物流，使企业中生产各工序、车间之间按照卡片作业指示，协调一致地进行连续生产；同时促使企业的产、供、销各部门密切配合，有效合理地组织输入输出物流，满足市场销售需要，实现整个生产过程的准时化、同步化和库存储备最小化，即所谓"零库存"，保证企业获取良好的经济效益。

 2.5　案例分析

2.5.1　循环取货的特点及案例展示

循环取货（Milk Run）也称为"牛奶取货""集货配送""多仓储间巡回装卸货混载运送""定时定点取货"。"牛奶取货"是一种制造商用同一货运车辆从多个供应处取零配件的操作模式。就像很多售点需要牛奶，每个售点都需要不多，采用一个车配送，一条线路覆盖各个售点，给每个售点补货，货车按照预先设计好的路线依次将装满牛奶的奶瓶运送到各售点，待原路返回时，再将空奶瓶收集回来。

这种方式逐渐为企业所借鉴，并逐步发展成现在成熟的循环取货模式。具体运作方式是每天固定的时刻，货车从制造企业工厂或者集货、配送中心出发，到第一个供应商处装上准备运发的原材料，然后按事先设计好的路线到第二家、第三家，以此类推，直到装完所有安排好的材料再返回。采用循环取货方式，节省了零部件运输成本，即通过设计最优的取货路线，由同一辆车从厂家出发到不同的供应商处取货，直到装上所有的零部件返回。循环取货是一种非常优化的物流系统，其特点是多频次、小批量、及时拉动式的取货模式；它把原先的供应商送货——推动方式转变为制造企业委托的物流运输者取货——拉动方式。这种取货方式的优点如下：

1）这种闭环式物流运作模式，有严格的窗口时间与规划线路。优化的取货线路使货车的运输装载率有很大提高，货车的运输里程比传统方式大幅度减少，同时循环模式也利用了物流包装器具的周转效率，这些就是精益物流消减浪费的关键。

2）循环取货是"多频次、小批量、定时性"的物流网络运输，它是一种高频次、小批量的拉动式取货模式，以高频次、小批量的取货充分降低零部件库存，以固定窗口时间及时性拉动保证对生产线需求的及时响应。

3）循环取货一般是由第三方物流公司运作，使及时响应式供货得到更充分的保证。企业可以利用信息共享平台实现目视化管理，同时通过对全球卫星定位系统的运用，提高了对运输环节的实时监控，降低了货车运输途中的风险，进而降低了供应停顿带来的整车厂停线风险。

通过装载率的提高、库存的降低、物流容器的循环、标准化作业等方面的改善，循环取货可以提高企业供应链的效率，从而降低企业的管理成本和物流方面的投资，最终提高整个供应链的效益。

循环取货是一种先进的供应物流取货模式，在国外汽车行业已经开始广泛应用，为汽车行业精益物流的发展起到了很大的推动作用。

我国各个制造业的低成本优势正在逐渐消失，而进入了转型期。精细化生产是我国制造业的必然趋势，精细化生产同时离不开物流公司的大力支持。

对于汽车生产厂商来说，会有数十条甚至上百条循环取货路线，自营的车队或者签订的物流公司会根据工厂的物料需求计划持续地进行零部件运输，按最优路线取货，这样可以省去空车返回的费用，货物少的也不必等到装满一车货物后再发出，做到货物及时供应，保持较低库存，实现准时制的生产方式。

上海通用是我国较早运用循环取货这一方式的汽车生产商之一。据上海通用的财务分析显示，采用循环取货后，上海通用的零部件运输成本每年可以节约数百万元人民币，与之前的运输方式相比下降了30%。采用循环取货不仅仅降低物流成本、提高系统效率，同时通过改变物流运输策略，能够大大降低在制品库存。

虽然循环取货的物流运输方式大都应用于汽车物流领域，针对的货物需求是多频次、小批量、定时，通过运输线路规划和物流体系设计来降低物流成本。但是，对大型制造企业来说，同样可以尝试这一运输方式，这对优化物流线路、控制物流成本也将起到一定作用。

2.5.2　汽车零部件物流运输系统设计

随着汽车产业的迅速发展，汽车物流遭遇了前所未有的挑战，各生产厂商面临着降低成本的巨大压力，而物流被称为"第三利润源"，通过对物流过程的优化，物流成本有着较大的降低空间。汽车消费市场对整个行业提出品种多样化、更新周期短、价格低等要求，以及汽车制造厂普遍开展订单式、准时制式等生产方式，对汽车零部件的物流提出了更高的要求。这样对汽车零部件物流进行深入研究探讨显得十分迫切和需要。

　　运输系统作为物流系统中的一个重要的、基本的功能环节，占据着物流成本的一大部分，由于传统的物流运输方式已很难适应现代物流发展要求，物流运输系统的优化将会带来可观的物流成本的节约。

1. 汽车零部件物流运输系统现状

　　国内汽车物流从 20 世纪 80 年代开始逐步形成规模，开始有专业的仓储和运输企业，但主要负责整车物流一块，而且主要是由整车制造企业自身或总经销商负责。由于整车制造企业在核定汽车零部件价格时已经将运费、包装费、工位器具等费用包含在内，故国内汽车零部件基本上是由零部件供应商自行负责零部件的运输、仓储、包装等工作，整车制造企业或总经销商一般提供一个较大规模的零部件总库作为供应商入厂或售后物流集散地，由此造成了如下弊端：

　　1）零部件供应企业各自拥有独立的零部件物流体系，使用自己的运输工具、仓库或向社会租用，难免出现重复建设、投资较大、资源利用率不足等现象。

　　2）采用自身能力运输，与专业的物流公司相比，物流的成本较高。

　　3）产品的仓储、运输质损较高。

　　目前国内还没有专业的第三方物流公司承担汽车制造企业的全部入厂或售后物流，只有一部分物流公司开始承接零部件企业的运输或仓储业务，以解决零部件企业自身能力的不足。

2. 汽车零部件物流运输系统设计原则

　　对汽车零部件物流运输系统而言，设计的重要内容包括：运输路线的规划、运输方式的选择和信息系统设计等方面。为保证整个供应链高效、有序、低成本运行，运输系统设计必须放在整个物流系统乃至整个供应链设计之中，结合汽车行业的特点，就运输系统设计提出如下设计原则：

　　（1）运输系统的可靠性原则　在汽车零部件物流运输中，选择运输工具应优先考虑适合集装箱运输的车辆、船舶、机车，因为长途运输过程中，集装箱运输的质损率最低，并且统一了运输工具规格，在调运过程中，无须多考虑运输工具的适载性，便于进行路径优化。

　　（2）运输系统的安全性原则　运输系统的安全是保证物流运输的前提，而选择合适的运输方式是保证运输安全性的首要条件，它包括人身、设备和被运货物的安全。为了保证运输安全，应首先了解被运零部件的特性，如重量、体积、贵重程度、结构及物理化学性质（易碎、易燃等危险性），然后选择安全可靠的运输方式。

　　（3）运输系统的及时性原则　零部件运输的在途时间和到货的准时性是衡量运输效果的又一重要指标。运输时间的长短和到货的准确性不仅决定着零部件周转的快慢，而且还对生产的顺利进行影响极大，由于运输不及时造成用户缺货，有时会对客户企业造成巨大的经济损失。

（4）运输系统的低成本原则 运输成本的多少是衡量运输系统的综合指标，也是影响物流运输经济效益的主要因素。运输费用似乎和以上的三个原则存在悖反，如为缩短运输时间，选择速度更快的运输方式，一般会引起运输费用的增加。因此如何在两者之间寻求一个平衡，既要保证生产的顺利开展，又要运输系统的成本较低，需要综合考虑全局之后衡量一个最优的方案。

（5）运输系统的信息化原则 现代物流运输系统必须建立在信息化基础之上，物流过程中存在大量的客户、供应商、物流承运方的数据。以互联网为平台，使用标准的数据结构进行数据交换，也就是所谓的 EDI（电子数据交换）。为了将移动的车辆也纳入运转的信息链中，则需要使用移动信息系统，比如通过安装车载 GPS 装置，确定的合同数据、路线数据、车辆数据和行驶数据都被收集起来进行储存、交换、处理。另外还可以进行车辆定位，帮助货运企业的工作人员在安排短期取货和到货时间方面做好车辆调度。

3. 汽车零部件物流运输系统设计模型

以上我们对汽车零部件物流运输系统设计原则进行了讨论，并参考国内知名的大型汽车集团物流管理方案，为汽车零部件物流运输系统设计模型提出了前提和方案。汽车零部件有上万种类，现在国内普遍采用模块化的方法进行大的分类，便于实施物流管理。比如某集团已形成底盘、内饰、电子电器、动力传动、空调、热加工六大模块，"模块化"供货已经初步形成。根据设计的一些原则和汽车制造企业的布局，汽车零部件物流运输系统总体设计模型如图 2-7 所示。

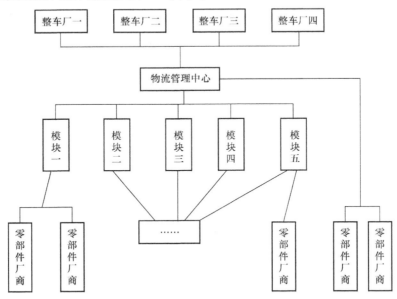

图 2-7 汽车零部件物流运输系统总体设计模型

这样的设计模型，使得物流管理中心作为零部件物流系统的物流总供应商进行物流的组织实施，各整车厂将每天的生产量、零部件需求量及时间等信息通过连接的信息系统提前传递给物流管理中心，由物流管理中心生成各运输指令分别传递给零部件供应商、运输部门和运输方，并由运输部门和运输承担方在规定时间内完成运输指令，将各整车厂所需的零部件按时送到指定装配区域或仓库。

依据这种运输系统总体构想，分别以整车厂为中心，对各零部件供应商与其所在的位置进行测算，规定在一定范围的公里数以内采用直达运输方式。超过规定公里数的以循环取货运输方式（定时多点取货）为主，这种方式适合批量小，送货频率高的零部件，对于大宗的零部件应考虑设立若干个零部件配送中心或中转仓库，运输模式如图 2-8 所示。

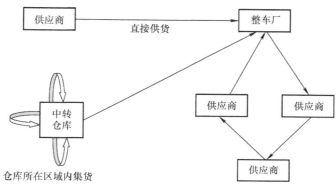

图 2-8　运输模式

第 3 章

汽车企业生产物流

3.1 汽车企业生产物流组织

企业的生产物流活动是指在生产工艺中的物流活动。这种物流活动是与整个生产工艺过程相伴的，实际上已经构成了生产工艺过程的一部分。过去人们在研究生产活动时，主要关注一个又一个的生产加工过程，而忽视了将每一个生产加工过程串在一起的，并且又和每一个生产加工过程同时出现的物流活动。例如，不断离开上一道工序，进入下一道工序，便会不断发生搬上搬下、向前运动、暂时停止等物流活动。实际上，一个生产周期物流活动所用的时间远多于实际加工的时间，所以，企业生产物流研究的潜力、时间节约的潜力、劳动节约的潜力是非常大的。

3.1.1 汽车企业生产物流计划与控制

生产计划是一个包含需求预测、中期生产计划、生产作业计划、物流需求计划、能力建设计划、设备可靠性改造计划、新产品开发计划等相关子计划，并以生产控制信息的迅速反馈进行连接构成的复杂系统，它贯穿企业的所有层面。

企业的生产计划主要体现为三个方面：商务需求计划管理、生产作业计划管理和物流供应计划管理。所有实际工作中其他计划的细分必须围绕这三大组成部分展开和寻求技术的支持。实践中，以物流供应计划的可靠执行为核心，这是因为商务需求计划的满足要靠生产作业计划来确认和保证，但生产作业计划是否能够达到预定目的，则取决于物流供应计划是否有可靠的保证。

计划与控制是企业管理的重要职能，是对未来行动的筹划与预先安排，是控制工作的依据与标准，是企业所有经营活动的指南，也是企业未来发展的蓝图。在现代经济生活中，任何组织和个人都会遇到计划问题，它决定"做什么"和"怎么做"两个基本方面，也就是确定目标、选择实现目标的途径和方案、安排完成工作任务的时间进度并落实到个人。生产计划的质量水平与指导性直接关系到客户的满意程度和企业绩效。科学地编制企业生产计划是企业运营工作的一项重点工作。

从物流与供应链的角度出发，计划与控制领域的业务内容至少包含了网络设计、需求计划、供应计划、销售计划、作业计划、调度协调、订单处理、资源管理、生产排程、配送计划和运输规划等。

生产计划是落实企业战略目标和年度经营计划的重要部分之一，涉及企业各个方面的资源。随着精益管理体系给企业带来的成功，计划体系的构成越加缜密，影响要素也越加广泛。在订单制生产方式渐行渐近的今天，基于相对准确的市场预测，充分利用现有资源和生产能力，尽可能均衡地组织生产，合理控制库存水平，多品种、小批量、混流排程和按序执行的计划与控制，尽可能满足市场需求是该领域的主要业务内容。在现代大型汽车制造企业中，内部分工精密、协作严密，任何业务活动都无法特立独行，生产计划领域更是如此。周密的生产计划安排和严谨的工业资源管理，是企业按需要的时间和地点、需要的质量和数量、需要的品种和期限，恰当地满足市场需求的坚实基础，是尽可能提高企业的经济效益和社会效益的基本保证。在汽车制造业的生产计划与控制领域中，通常采用的管理技术主要集中在物料需求计划（Material Requirement Planning，MRP）、准时制生产方式（Just In Time，JIT）及约束理论（Theory Of Constraints，TOC）等方面，或者是其中的两种到三种的集成应用，以形成各种计划技术的优势互补。

3.1.2 汽车企业生产计划的制订

从企业运营的角度出发，生产计划按控制的层次要点一般可分为未来 3 ~ 5 年的长期战略计划、中期年度战术计划和短期作业计划（包含季、月、周、日、时）或分为战略层计划、战术层计划和作业层计划三个层次，采用集成技术将短期计划、中期计划和长期计划有机结合起来，根据近期计划的执行状况和环境变化因素，定期修订未来计划并以逐期向前推移的滚动方式编制生产计划，不同层次计划的特征对比如表 3-1 所示。

表 3-1　不同层次计划的特征对比

项目	计划层次		
	战略层计划	战术层计划	作业层计划
计划期	长（>5 年）	中（1 年）	短（月、旬、周）
计划的时间单位	粗（年）	中（季、月）	细（工作日、班次、小时、分）
空间范围	企业、公司	工厂	车间、工段和班组
详细程度	高度综合	综合	详细
不确定性	高	中	低
管理层次	高层领导	中层、部门领导	低层、车间领导
特点	涉及资源获取	涉及资源利用	涉及日常活动处理

1. 长期生产计划

长期生产计划属于战略规划的范畴，一般由企业的高层根据企业的经营战略来研究确定，是实现目标的全局战略和市场定位。它涉及企业资源的获取途径和市场拓展的进攻方向，其覆盖期通常为 3 ~ 5 年或更长的时间，其目标逐年分解、内容高度概括，并随着市场环境和企业经营战略的变化而定期调整。它的主要任务是进行产品决策、生产能力决策、资源配置决策和竞争战略决策，涉及产品发展方向、生产发展规模、技术发展水平、工业化程度和供应链管理模式等。

2. 中期生产计划

中期生产计划属于战术性计划，也称生产计划大纲或年度生产计划，一般由企业的中层根据市场预测数据结合企业资源状况来研究制订。它涉及供应链内外部工业资源和企业成本策略，其覆盖期通常为1~2年，目标逐季或逐月分解，内容综合、全面，并随着市场需求的变化和企业财务目标的改变而适当调整，有一定的确定性。它的主要任务是在相对准确的市场预测数据的基础上，对企业计划年度内的生产任务进行统筹安排，确定生产品种、数量、质量、期限和库存控制水平等指标。充分利用现有的生产能力与资源，尽可能均衡地组织生产活动，合理地控制库存水平，尽最大努力及时满足市场需求。

3. 短期生产计划

短期生产计划或称生产作业计划，属于执行层行动计划，一般由企业的管理执行人员根据生产系统的能力约束条件和绩效目标来研究制订，其覆盖期一般为4个月以下，并逐月细化到周、逐周细化到日、逐日细化到班次和小时，按总装配生产顺序进行精细安排，涉及所有相关日常事务的处理，内容翔实明确，具有稳定性，也是计划执行人员的考核目标。它的主要任务是直接依据客户的订单，合理安排生产活动的每一个细节，使之紧密衔接，以确保按客户的质量、数量和交货期交货。短期生产计划是中期生产计划的具体实施，应将中期生产计划中的每一项任务具体落实到每一个生产中心和每一个单位的每一个生产班次乃至操作人员。短期生产计划的地位与作用十分关键，在运营管理过程中，如何合理地安排和协调原材料、自制零部件、外协零部件和成品的加工节奏、加工批量，确保质量和交货期，并使库存尽可能合理化，是生产作业计划领域的主要挑战。

3.1.3　汽车企业生产物流计划的编制

不同的生产类型和不同的生产组织方式，其生产物流作业计划的编制方法也大不相同。常用的有在制品定额法、生产周期法、"看板"法、累计编号法、网络计划技术等。

1. 在制品定额法

在制品定额是指在一定技术组织条件下，为保证生产正常进行，各个生产环节所必须占用的最低限度的在制品数量。

2. 生产周期法

生产周期法是指根据产品生产周期来规定车间生产任务安排的方法，这种方法适用于单件小批生产的企业。这种方法的关键是注意期限上的衔接。

3. "看板"法

"看板"法即准时生产法，是由日本丰田汽车公司所推行的一种生产管理制度。所谓准时生产法，即"只在必要的时刻，按必要的数量生产必需的产品"。

4. 累计编号法

累计编号法又称提前期法，是指根据预先制定的提前期标准，规定各车间出产和投入应达到的累计号数的方法。这种方法将预先制定的提前期转化为提前量，确定各车间计划期应达到的投入和产出的累计数，减去计划期前已投入和产出的累计数，以求得各车间应完成的投入和产出数。采用这种方法生产的产品必须实行累计编号。累计编号法只适用于需求稳定而均匀，周期性轮番生产的产品。累计编号是指从年初或从开始生产这种产品起，按照产品产出的先后顺序，为每一件产品编上一个累计号码。在同一时间内，产品在某一生产环节上的累计号数同成品产出累计号数相比，相差的号数称为提前量，它的大小和提前期成正比，累计编号法据此确定提前量的大小。其计算公式如下：

$$提前量 = 提前期 \times 平均日产量$$

采用累计编号法编制企业的生产作业计划的方法一般应用于成批生产的企业，一般应遵循以下步骤：

1）计算各车间在计划期末产品产出和投入应达到的累计号数：

某车间产出累计号数 = 成品产出累计号数 + 该车间产出提前期定额 × 成品的平均日产量 = 产品产出累计号数 + 产出提前量

某车间投入累计号数 = 成品产出累计号数 + 该车间投入提前期定额 × 成品的平均日产量 = 成品产出累计号数 + 该车间投入提前量

2）计算各车间在计划期内应完成的投入量和产出量：

计划期车间产出量 = 计划期末产出的累计号数 – 计划期初已生产的累计号数

计划期车间投入量 = 计划期末投入的累计号数 – 计划期初已投入的累计号数

3）把根据上式情况计算出的投入量和产出量，根据零件的批量进行修正，使车间产出或投入的数量相等或成整数倍关系。

5. 网络计划技术

网络计划技术是指用于工程项目的计划与控制的一项管理技术。它是 20 世纪 50 年代末发展起来的，依其起源有关键路径法（Critical Path Method，CPM）与计划评审法之分。1956 年，美国杜邦公司在制订企业不同业务部门的系统规划时，制订了第一套网络计划。这种计划借助于网络表示各项工作与所需要的时间，以及各项工作的相互关系。通过网络分析研究工程费用与工期的相互关系，并找出在编制计划及计划执行过程中的关键线路。

3.1.4　汽车企业生产物流组成

汽车生产流程主要为冲压、焊装、涂装、总装四大流水线工艺。冲压是汽车生产四大工艺的第一道工序，承担汽车车身片件的冲压成形任务，按照设计好的车身标准，把铁皮用巨型厚重的冲压设备冲压成小的片件。焊装是第二道工序，负责把前一工序冲压成形的车身片件通过烧焊、点焊等组焊成车身。第三道工序是涂装，在这里把车身进行油漆喷涂（按照市场上用户的色彩需求）。总装为最后一道工序。把汽车各类部件，如发动机、前后桥、座椅、线束等组装在车身内，组成一台合格的整车，即市场上出售的商品车。

一般除了被喷涂的车身（车壳）外，其他零部件全部为外购或外协加工的。假设某月要生产 100 辆汽车，那么发动机、前后桥、座椅、玻璃、轮胎、橡胶件等零部件要提前三个月或一个月订货，必须在组装的前一天到货（最早不超过三天），存放在企业仓库里。汽车生产企业通常把物质管理部门设置为物管部，负责对外来部件的保管与生产工位上的配送。企业内部物流主要是汽车零部件配送到工位和四大工艺部件在制品（毛坯）的物料转接过程。汽车生产物流流程如图 3-1 所示。

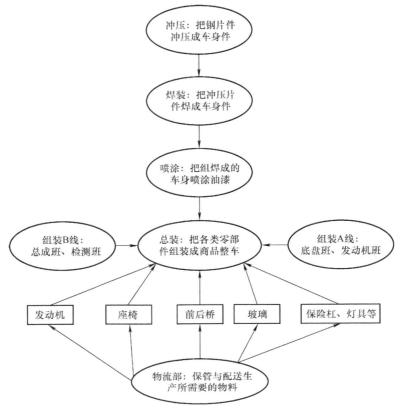

图 3-1　汽车生产物流流程图

 3.2　汽车企业生产物流的管理

3.2.1　库存概述

物料的存储现象由来已久，但是把存储问题作为一门学问来研究，是进入 20 世纪以后的事情。早在 1915 年，哈里斯（Harris）就提出了"经济批量"问题，它研究如何从经济的角度确定最佳的库存数量。"经济批量"的提出，从根本上改变了人们对库存问题的传统认识，是对库存理论研究的一个重大突破，可以说，该理论是现代库存理论的奠基石。

库存是指一个组织机构用于今后销售或使用的任何需要而持有的所有物品和材料（包括原材料、半成品、成品等不同形态）。有人将库存定义为存放在仓库中的物品，就像是存放在蓄水池中的水一样暂时派不上用场的备用品。由于它不能马上为企业产生经济效益，同时企业还要为库存物资承担资金、场地、人员占用而产生的成本，因此存在需要控制的一面；由于运作中存在着不可避免的不确定因素，导致库存也是企业经营中所必备的，它也具有积极的一面，因此，控制库存量是企业管理工作中的经常性工作。

库存一般有以下五项指标：

（1）库存水平　当月的库存总金额÷过去12个月的销售额库存总金额（含零部件在库库存、零部件在途库存、半成品库存、成品库存）。

（2）零部件天数　月结时库存零部件金额×当月工作天数÷当月销售成本。零部件金额指的是在厂内，如果有外库，含外库的金额总和的库存。

（3）在途库存天数　月结时在途库存零部件金额×当月工作天数÷当月销售成本。如果价格条款是出厂价，在途库存指的是从离开供应商工厂到到达工厂之前库存总和。包括海上运输、航空运输和陆路运输的所有在途库存。

（4）在制品库存天数　月结时在制品库存金额×当月工作天数÷当月销售成本。在制品库存指的是从仓库转移到生产车间的外购件，生产车间生产的半成品库存总和。

（5）成品库存天数　月结时成品库存金额×当月工作天数÷当月销售成本。成品库存含有线末库存、缓冲库存、安全库存、货车准备区库存和客户处用于更换质量问题件的库存总和。

总体上来讲，库存存在原因有以下三点：

（1）预防不确定性的、随机的需求变动　拥有库存可以预防需求与供应的波动。如果销售需求增大，而又不能及时增加生产量适应这个变化时，库存可以提高用户服务水平，即持有一定量的库存有利于调节供需之间的不平衡，保证企业按时交货和快速交货，能够避免或减少由于库存缺货或供货延迟带来的损失，这些对企业改善服务质量都具有重要作用。

（2）为了保持生产的连续性、稳定性　如果供应商的供应不确定时，原材料安全库存可以使生产过程正常进行。

（3）为了以经济批量订货　这也是库存具有的优点，大批量的采购可以获得价格折扣，降低采购次数，避免价格上涨。因此，如果增大订货批量，就可以减少订货次数，从而减少订货费用。原材料合理的库存数量基于经济订货批量，可以降低总费用。

由于诸多方面的原因，企业库存物料的库存数量是经常变动的，为了使库存量保持在合理的水平上，就要进行合理的、科学的库存控制。当库存物料的存储数量过少时，就不能满足企业生产或经营的需要；存储数量过多时，要占用大量资金，影响滚动资金的周转，且占用大量的生产面积和库存面积，还可能由于长期积压而使存货损坏变质，造成浪费。因此需要加强库存控制，搞好存货的科学管理，其目的就是为了在保证企业生产或经营活动能够正常进行的前提下，使库存量维持在合理的水平上，降低库存成本，提高企业的经济效益。库存控制理论研究在什么时间，以什么数量，从什么来源补充库存，使得保持库存和补充采购的总成本最少。

3.2.2　汽车企业生产物流的库存管理

库存管理是汽车物流与供应链管理的核心内容之一，设定一定水平库存的目的是为了保证汽车物流与供应链运行的连续性和满足网点的不确定需求。汽车生产物流与供应链的库存同供应链的不确定性有很密切的关系。汽车生产库存管理，即管理和控制汽车销售商和备件供应商的不确定性以及汽车需求的不确定性。从备件供应商配送备件到主机厂备件配送中心的上游物流和供应链环节的不确定性因素有经济性制造批量波动、制造原材料采购周期波动、供应商制造能力、制造组织方式、物流组织方式和突发性产品质量问题；汽车销售和备件需求不确定性因素有需求预测水平的偏差、季节性需求波动和质量事件影响。汽车销售和备件需求变化独立于人们的主观控制能力之外，其需求数量与需求出现的概率是随机的、不确定的、模糊的。汽车和备件库存管理可研究和关注的东西非常多，汽车和备件库存管理的目的是要对汽车和备件库存水平进行精细化控制。

汽车生产物流库存管理的本质就是汽车配件的库存管理与控制，它与汽车的生产和销售及市场占有状态直接相关，影响着汽车生产和客户满意度，也决定着企业生产物流的绩效。

1. 汽车和备件的需求特性

汽车和备件物流活动的管理者必须知道备件的需求量变化曲线，汽车和备件需求是有规律性、季节性或随机性的。一种车型需要管理的备件达到几千种，单品种备件的需求特性经历四个阶段：导入期、增长期、成熟期和衰退期。汽车备件的需求与装配该零部件整车市场的保有量有关，即随着整车市场保有量的增加而增加，当整车市场保有量下降时，汽车备件的需求呈下降的趋势。汽车备件的需求表现出具有生命周期性的特性。在新车型推向市场后，因备件需求有一定时间上的滞后期，所以初期备件消耗量不大，应采用谨慎的库存策略。随着整车市场保有量的增加，备件需求量会迅速增长。可通过备件消耗的历史记录预测存储点的库存水平。随着车型的停止生产制造，车型市场保有量会逐渐减少，备件消耗量也会逐渐下降。不同功能的备件，其生命周期演变中数量需求变化的趋势也不同。新车型投放市场初期，备件只有零星的需求；随着整车保有量的增加，备件需求逐渐增加；当整车市场保有量趋于稳定时，备件的需求量也相对稳定；当整车市场保有量逐渐下降时，备件的需求逐渐衰减，直至为零。在汽车备件生命周期的不同阶段，需采用不同的备件库存管理。

2. 汽车和备件的库存策略

汽车和备件物流供应链库存管理是为了在满足已设定的客户服务水平的目标下降低库存。汽车和备件物流活动管理者必须明确需求量发生的时间和地点、库存点位置、库存水平和运输资源等。在满足客户期望在任何时候购买汽车和备件的需求之前，需要提前预测库存对象、规模和交付期。预测必然存在偏差，而偏差的容忍范围需要很好地把握。需求预测水平对汽车和备件供应链整体绩效来说至关重要。汽车和备件物流供应链的预测涉及需求的空间和时间特征、需求波动的幅度和随机程度。需求随时间的变化可归于销售量的增长或下降、需求模式的季节性变化和多因素导致的一般性波动等因素。

基于市场需求量的差异，汽车备件的库存策略有以下四类：

（1）日库存策略　备件的库存量控制在一天的备件需求量波动范围内。此策略适用于备件需求数量高的品种，备件品种的产品特征是空间尺寸大，备件的生产制造地在备件配送中心附近，备件供应商具有每天按采购订单供应备件的生产节奏和运输能力。适用的备件品种有汽车前、后保险杠和汽车前照灯、轮胎等。

（2）**周库存策略**　备件的库存量控制在一周的备件需求量波动范围内。此策略适用于备件需求数量较高的备件品种，备件供应商具备每周按采购订单供应备件的能力。适用的备件品种有火花塞、机油滤清器等。

（3）**月库存策略**　备件按月消耗补充库存，80%的备件品种适用此策略。

（4）**非库存策略**　备件的年需求量小于三件的备件品种采用此策略。当备件的年需求量大于三件时，备件的库存策略由不建立库存变为库存件。

汽车备件明细表系统性地规范了所有备件名称代码，通过备件名称代码或备件名称检索，分析已经有销售的车型类似备件的需要，预测新备件的市场需求。表 3-2 为备件名称代码和需求量分析。

表 3-2　备件名称代码和需求量分析

功能码	备件名称代码	备件名称	备件需求量与整车市场保有量的比例（%）
IA1513	160	机油滤清器	5.00
3V5A01	12610	空调	0.03
322A01	14101	前照灯总成	2.50

表 3-2 中显示汽车机油滤清器的需求量与市场保有量的比例为 5.00%，即整车市场保有量为 100 辆时，汽车机油滤清器的需求量是 5 件。通过这样的分析，在新车型投放初期，以车型的年度产量计划就可预测初期的备件需求量。

汽车备件在其生命周期的四个阶段中，市场需求量是非线性的，汽车备件需求量与整车市场保有量的比例在生命周期中的不同阶段中，其比例值是不同的，重点需要关注车型项目启动初期的比例值和正常管理状态下的比例值。经过对几个车型预测量和实际需求量的跟踪，来修订和调整汽车备件需求量与整车市场保有量的比例值。通过预测，可预见性地了解在汽车备件物流供应链上的物流量，可有效组织和策划汽车备件供应链上的采购活动、从供应商到备件配送中心的前端物流活动，将预测结果转换为物流活动各方需要的信息，如交货期、价格、装载单元规划、运输批次、操作计划控制等。

3. 备件库存控制

备件物流活动管理者关注如何以最小的库存满足客户订单的要求，以最接近客户订单需求量的高频率、小批量的补货方式达到用更少的库存满足客户需求的目标。连续补货策略可将库存控制在最低水平，其可实施的前提条件如下：

1）供应商通过物流服务商送达货物，物流服务商每天有固定的运输车辆配送货物，不单独增加运输次数，并具有准时交货的能力。

2）信息在供应商和中间物流商、备件配送中心共享。

3）供应商的经济批量和连续补货数量基本持平，库存没有转移到供应商或物流服务商处。

4）供应商的生产制造具有计划性和稳定性，消除了供应渠道中可能出现的不确定性。

5）备件产品质量稳定。

在不增加企业的生产启动成本和采购订货成本的前提下，设定经济补货量，逐渐趋近一天的客户需求量。

因为存在采购的规模经济效应，供应商又邻近备件配送中心，所以可通过与供应商和中间物流商建立紧密的协作关系，在供应链上共享生产制造计划、客户需求信息，来减少供应链上的反应时间和波动。对需求量大的备件品种，可选择合适的备件供应商提供连续补货的供应策略，以实现与需求一致的备件在供应链上流动的效果。尽管与其他库存策略相比，管理供应渠道需要付出更多的精力，但由此带来的收益是能够在备件供应链前端渠道转运过程中保持最低的库存、降低物流设施的投资并提高对客户的服务水平。适时管理、快速反应和压缩时间，可以最大限度地降低供应渠道中所需的库存量，控制方法如下：

1）管理备件供应商前端制造计划，控制并缩减供应链周转时间。作为供应链源头，供应商制造计划水平会影响供应链的时间、库存和成本等绩效参数。

2）备件供应链上下游信息整合。整合的内容包括：需求预测、库存规划、采购订货、运输规划、信息交流平台以及生产流程等。

3）实现备件物流供应链上一体化的信息交流，仅传递数据是远远不够的，数据不能代表信息，还需要对数据进行收集、分析、传递工作。供应商和第三方物流服务商将数据装载到他们的系统中后，再向他们的二级供应商传递数据。因此，数据的收集、分析、传递工作需要耗费大量的时间；相反，如果信息与信息系统能实现一体化，就可以加强信息传递的时效性，缩短信息传递时间，改善信息的传递准确性。

3.2.3　汽车企业生产物流的库存管理趋势

对于任何一项产业而言，最理想的状态就是没有库存。当然，实际上是不可以达到零库存的状态，但是必须把零库存作为终极目标。在所有企业都在优化库存的同时，也存在着一些挑战，只要有将零库存作为终极目标的态度，才会通过对客户需求的分析，对供应商的协调，对仓库的管理等方式持续地降低库存。但是，许多企业在库存管理上刚刚取得了一点成绩就满足于现状，停步不前，并没有向着零库存的终极目标继续努力，这时，态度就成了优化库存的绊脚石。客观地讲，质量问题也对优化库存起着负面的影响。例如，由于产品的质量不合格需要返修而不能发给客户，这就造成库存的积压。所以，质量也是影响库存优化的一个重要因素。

此外，一些设备的因素也对优化库存起着作用，如此道工序的节拍时间高于下道工序的节拍时间，就需要在两道工序之间建立一定的库存以满足正常的生产；产品的工艺要求产品静置2h，待冷却定型后才可以流入下道工序，那么这两道工序之间也要有一定的库存；设备不稳定，为了避免由于设备停机而造成的停产，也需要准备一定的库存。

以上都是由于物流以外的因素造成对优化库存的影响。对于物流部门来说，无法通过自己的控制来降低这部分库存，只能通过部门之间的配合来控制。从另一个层面来说，优化库存是一个整体配合的工作，需要生产、质量、维修等部门共同努力，密切配合，及时沟通，才能达到降低库存的目的。

通过对所有整车厂的订单分析，跟踪其数量和品种的变动趋势，进行滚动的六个月的产品类生产计划和滚动五周的均衡周生产计划来平衡客户的预测波动；在确定自身的计划后，内部以补充库存的方式进行看板拉动，确保生产的产品是客户所需要的。同时把稳定的计划传递给供应商，确保供应商的稳定供货，来达到降低零部件安全库存的作用。在客户、工厂和供应商三大物流部分明确后，优化 ERP 系统，确保每一个细节的信息准确，达到物料流的畅通。在物料流里，库存是阻碍流动的绊脚石，需从人、机、料、法四大方面进行分析，来减短生产周期，最终达到降低库存的目的。深层次的研究发现，库存并不是简单的资源储备或闲置的问题，而是一种组织行为问题。这是关于库存管理新的理解："库存是企业之间或部门之间没有实现无缝连接的结果，因此，库存管理的真正本质不是针对物料的物流管理，而是针对企业业务的工作流管理。"通过整合工作流程来实现"拉式"库存，可以最大限度地降低库存。

 ## 3.3　汽车企业生产过程的物流控制

3.3.1　汽车企业生产物流的构成

汽车生产过程物流包含了车身流和零部件配送流两个子领域，处于汽车工业供应链中游，属于企业内部物流与供应链。车身流因其存在于企业内部供应链并与工业领域紧密相连，尚未被供应链管理的研究者知晓和重视；而零部件配送流因其处于内部供应链和外部供应链的结合部，是第三方物流服务商的业务重点，已经被业界所广泛知晓。而两者之间是密切相关的，前者的绩效是整个物流与供应链管理水平的体现，是后者的指导，后者的运作质量是前者绩效的保证。

车身流指的是一个完整的整车制造过程，即按照作业计划形成了焊接底盘总成后，经过焊装各个工艺流程完成白车身，经过涂装各个工艺流程完成颜色车身，再经过总装配和商业化流程到进入成品车库的全过程。车身流起于焊装制造指令的下达点，止于成品整车下线的商业化点。

零部件配送流指的是生产中由供应商或者第三方物流供应商提供所需的零部件，这是汽车物流的重要组成部分，也是汽车企业内部供应链和外部供应链的结合中完成的主要内容，是完成车身流的前提。

在整个制造过程中，装配顺序卡是整个车身流的指导文件，衡量车身流绩效状况的指标就是遵守这个指导文件的程度。车身制造计划的执行阶段，以装配顺序卡作为计划执行与控制的指导文件。在这个装配顺序卡中，每一辆车都有一个唯一的制造令，一条总装配线对应一个装配顺序卡。

3.3.2　汽车企业生产物流的控制

以约束理论（Theory Of Constrains，TOC）为依据的生产物流计划与控制可以确保整个生产过程和工作过程快速有序地进行，能够有效地防止不恰当追求局部效率而损害全局效率的现象，从而最大限度地提高整个系统的效益。

企业生产物流，尤其是制造企业的生产物流，是伴随着产品生产制造过程而发生的，产品的生产制造过程实质上是一个物流过程。企业生产物流的控制主要体现在对生产物进入总装的流动速度和物料数量的控制。随着人们对物流活动影响生产的认识越来越深刻，近年来出现了按物料流动的通畅程度为标准来识别生产控制优先度的生产管理理论。对于各工序能力负荷相对稳定的生产企业，在有了物料需求计划（MRP）所需要的基础数据（如产品结构文件、加工工艺文件、提前期、库存量及设备情况等信息）后，就能以约束理论为依据对生产和物流活动进行计划和控制。

尽管约束理论产生的时间不长，但却取得了令人瞩目的成就，是继物料需求计划和准时制生产方式之后出现的又一项组织生产的新方式，该理论已经在西方各国得到比较广泛的应用。约束理论已从单一的生产计划方法发展成为一套用于复杂系统分析与性能持续改进的管理科学。

1. 约束理论的相关概念

（1）瓶颈 瓶颈（Bottleneck）是指制约生产系统产出的关键生产资源。生产资源由生产能力的主要特征决定，可以是机器，也可以是人力资源或生产场地等。因此生产系统中的瓶颈，有可能是制约系统产量的某种机器设备或具有高技能的专门操作者，也可能是掌握某种知识与能力的管理人员或技术人员。瓶颈资源的能力小于对它的需求，瓶颈是限制系统输出的约束，当物流或服务流经过瓶颈位置时，若安排不当常常会出现停顿。大多数企业一般都存在瓶颈问题，如果企业没有瓶颈，那就意味着存在多余的能力，为了充分利用能力，企业很可能在运营上做一些调整，以降低成本，如减小生产批量（同时增加了设备的调整次数）或减少生产能力（解聘人员或出租设备），其结果又会促使新的瓶颈产生。所以，生产系统是一个动态的系统，瓶颈与非瓶颈在一定的条件下会相互转化。

（2）非瓶颈 非瓶颈（Non—bottleneck）是指能力大于需求的资源。也就是说，非瓶颈资源有空闲时间。正因为如此，非瓶颈资源不应该连续工作，否则会使它生产出多于需求的产品。

（3）能力约束资源 能力约束资源（Capacity Constraint Resource，CCR）是指利用率接近实际生产能力的资源。当生产安排不合理时，CCR 有可能转化为瓶颈。例如，在单件小批量生产的企业里，CCR 可能需要加工来自不同工序的工件，当排序不适合时，这些工件的到达无法让 CCR 连续工作，此时在 CCR 上就出现了等待的时间。当等待的时间大于原来计划的空闲时间时，CCR 就转换成了瓶颈。

（4）生产能力的平衡 生产能力的平衡是指生产系统内各阶段各类型的生产能力与负荷都是均衡的。其具体含义如下：

1）生产系统各阶段的生产能力是相等的，即每一阶段可完成的零件品种数量都是相等的。

2）所完成的产品数是以平均工时来计算的，如某工序全天生产能力为 8h，能力利用率假设为 90%，工序单件工时 t 为 10min，则该工序每天可完成产品数 = 60 × 8 × 90% ÷ 10 = 43.2（个）。

3）能力的利用率在各阶段是平衡的。这是指每一个阶段能力的利用率是相等的。若某一阶段生产能力的利用率是 90%，则按照能力平衡观点，要求每一阶段能力的利用率都是 90%。

（5）**物流的平衡** 所谓物流的平衡，是指物流在各阶段是畅通的，具有准时、准量的特点，即在需要的时间物流及时到达，并且需要多少到达多少。绝大多数企业都尝试使内部各阶段能力平衡，以达到能力充分利用和降低成本的目的，并以此考核各个部门。但事实上由于需求的多变，引起对企业各阶段各类型能力需求的比例失衡，在这种情况下要求能力平衡实际上是很难达到的，因为这种能力平衡意味着需要不断地对能力投资并同时产生大量成品和在制品积压，况且即使不断进行能力投资，也无法真正达到能力平衡，因为只有当各工作地输出时间为一常量或者标准差很小时，这种平衡才是可能的。也就是说，只有在使用专用设备、高效自动化设备时，才有可能实现这种平衡。

（6）**企业业绩的衡量标准** 为了实现企业目标，必须对企业业绩进行衡量。同时使用两套衡量体系，一套从财务角度衡量，另一套从运营角度衡量。

2. 约束理论的基本思想

约束理论的基本思想由九条具体原则来描述，而有关生产物流计划与控制的算法和软件，也是按照这九条原则提出和开发的。

（1）**追求物流的平衡，而不是能力的平衡** 作为一个理想的生产过程，企业希望既实现物流的平衡又实现能力的平衡。但这种情况在单件、小批量的生产类型下很难出现，其原因就是由于瓶颈资源的存在。在设计建立一个新企业时，总要使生产过程各环节的生产能力实现平衡，这时往往可以做到物流平衡与能力平衡并举的情况。但对于一个已投产的企业，特别是多品种的单件、小批量的生产企业，由于市场需求时刻都在变化，加上科学技术日新月异的发展，使原来平衡的能力变得不平衡了，而且这种不平衡是绝对的，即使采取一些措施使能力达到了平衡，这种平衡关系很快就又会被打破。在这种情况下，若一定要追求能力平衡，那么企业的生产能力虽然被充分利用了，但生产出来的产品并非符合需求配套的比例关系和市场的需求，多余的部分就成为库存积压下来，这将给企业造成极大的浪费。因此约束理论强调追求物流的平衡，以求生产周期最短、在制品最少。这一点，在现代企业生产管理的各种方法中（如 JIT、ERP 等）都是首先强调的。

（2）**在瓶颈处的损失将影响到整个系统** 既然瓶颈资源是制约整个生产系统产出的关键资源，那么瓶颈资源工作的每一分钟都直接贡献于生产系统的产出。所以，在瓶颈资源上损失 1h，就意味着整个生产系统损失 1h。为取得生产系统的最大产出，就应该保证瓶颈资源 100% 的利用率。约束理论中，通常采用下述措施来提高瓶颈的产出量：

1）在瓶颈工序前设置质量检查站，保证流入瓶颈工序的工件 100% 都是合格品。

2）在瓶颈工序前设置缓冲环节，以使瓶颈不受前面工序生产率波动的影响。

3）加大瓶颈设备的生产批量，以减少瓶颈设备的调整次数，从而增加瓶颈设备的总基本生产时间。

4）减少瓶颈工序中的辅助生产时间，以增加设备的基本生产时间。

（3）系统的总物流量取决于瓶颈资源的通过能力　由于非瓶颈资源的利用程度由瓶颈资源的能力来决定，系统的总物流量取决于瓶颈资源的通过能力，因此系统的利用程度应根据物流平衡的原则由瓶颈资源的通过能力决定。如果非瓶颈资源满负荷工作，它生产出来的在制品若因瓶颈资源加工不了，就会增加库存而引起浪费。

（4）在非瓶颈资源上节省时间是没有意义的　由于系统的能力受瓶颈资源的制约，因此在非瓶颈资源上节省时间除了增加非瓶颈资源的空闲时间外，对整个系统来说不产生作用。相反，在非瓶颈资源上节省时间和提高生产率往往需要付出代价，而且这种代价的付出却不能获得经济效益，因此是没有意义的。那些不区分瓶颈与非瓶颈而一味强调提高生产率的做法是很有问题的。

（5）瓶颈控制了库存和产销率　产销率是指单位时间内生产出来并被销售出去的量，所以很明显它受到企业的生产能力和市场的需求量这两方面的制约，而它们都是受瓶颈控制的。如果瓶颈存在于企业内部，表明企业的生产能力不足，因受到瓶颈能力的限制，相应的产销率也受到限制；而如果企业所有的资源都能维持高于市场需求的能力，则市场需求就成了瓶颈。这时，即使企业能多生产，但由于市场承受能力不足，产销率也不能增加。同时，由于瓶颈控制了产销率，所以企业的非瓶颈与瓶颈同步，它们的库存水平只要能维持瓶颈上的物流连续稳定即可，过多的库存只是浪费。这样，瓶颈也就相应地控制了库存。

（6）对瓶颈工序的前导工序和后续工序采用不同的计划方法　由于瓶颈制约了整个生产系统的产出，因此约束理论计划系统在做生产物流计划时，首先排定各种工件在瓶颈资源上的所有工序的加工时间。而这些工件不在瓶颈资源上的工序，则根据已排定的在瓶颈资源上的工序的开工、完工时间来决定。处在瓶颈工序前的工序，则由瓶颈工序的开工时间从后往前决定前工序的开工、完工时间，即采用拉动方式编制计划。对于在瓶颈工序后的工序，则由瓶颈工序的完工时间从前往后决定后工序的开工、完工时间，即采用推动方式编制计划。采用这样的计划方式在瓶颈工序之前可以使工件不会过多积压以及在瓶颈工序之后可迅速流出。

（7）运输批量不一定等于加工批量　运输批量是在工序间一次运输的部分。一个加工批量一般不会在全部加工完后才运输，一般来说，运输批量可以等于加工批量，但不会大于加工批量。运输批量小于加工批量的好处是可以缩短加工周期，减少在制品库存，但增加了物流搬运次数。确定加工批量与运输批量的依据是不同的加工批量的大小主要应该综合考虑资源的充分利用（减少设备调整次数）和减少在制品库存因素；而运输批量的大小则要综合考虑减少运输工作量和运输次数，以及保证生产的连续性和减少工件的等待时间等因素。由于确定批量的依据不同，因此所确定的加工批量和运输批量也不一定相同。

（8）各工序的加工批量是可变的　同一种工件在瓶颈资源和非瓶颈资源上采用不同的加工批量，以使生产系统尽可能大地产出和付出较低的成本。由于瓶颈资源约束整个生产系统的产出，因此为提高其有效能力常采用较大的加工批量；而非瓶颈资源本来就负荷不足，因此主要考虑物流平衡及减少在制品库存而采用较小的加工批量。

（9）提前期不是固定的期量标准，而是作业计划的结果　作业计划应该在考虑了整个系统资源的约束条件之后再进行安排。由于单件小批生产类型在编制作业计划时，计划期内部分资源已有不同程度的占用，这时作业计划若全部采用反工艺顺序从后往前编排，那么排到前面则由于许多资源已被占用而使这样的计划不可行，这样就要做很大的调整，实际造成了很大量的返工。约束理论不采用这样的作业计划方式，而是在考虑了计划期内资源的约束条件后，按一定的优先级原则编排作业计划。

因此，约束理论计划体系下的提前期，是综合考虑资源负荷、排队时间、加工批量等因素后的作业计划的结果，而不是像 MRP Ⅱ 系统（MRP Ⅱ 是一个集采购、库存、生产、销售、财务、工程技术等为一体的计算机信息管理系统）是一个固定的期量标准。

3.4　影响汽车生产物流的主要因素

3.4.1　生产周期和批量

生产周期包括各工序生产产品的加工时间、准备时间、各工序间的等待时间。缩短生产周期就能够实现不断减少生产批量，减少在制品库存。生产周期的缩短是实施准时生产方式最困难的一个实践环节，也是最具有应用价值的一环和影响生产物流的主要因素之一。

1. 客户需求

生产源于最终客户的需求，只有需求，才能控制好各环节的物流。

整车厂的需求都会以年度计划、月计划、周计划及日计划给出，但是由于种种原因，计划的波动性很大。为了避免"牛鞭"效应（指供应链上的信息流从最终客户向原始供应商端传递的时候，由于无法有效地实现信息的共享，使得信息扭曲而逐渐放大，导致了需求信息出现越来越大的波动），必须寻求波动的规律。另外，客户订单多以车型描述、配置描述出现，必须把这种描述和生产的编号建立起准确的联系，一旦联系建立错误，整个供应链物料流就一错千里了。

明确不同客户需求和数量及品种波动规律后，就可制订企业稳定的生产计划。

2. 生产均衡化

生产均衡不仅包括产品均衡，品种也要均衡。对于任何生产系统，为达到均衡生产，周密完备的计划都是不可缺少的。计划系统可详细划分为年度计划、月度滚动计划、周计划，这些计划都不是指令性的，仅仅是要在各环节之间建立一个比较松散的构架，以便准备安排全厂各工序的材料和工具。生产现场则严格通过顺序排程和看板在厂内反方向流通来下达生产指令。年度计划一般由市场预测来决定一年内能够满足市场需求和销售的产品数量。准时生产制采用滚动期为三个月的计划体系。根据三个月的生产计划和月需求预测，确定月生产的产品品种及数量。月度滚动计划提前两个月给出市场建议的产品型号及数量。在一个月前决定该市场计划的细节，将产量均匀分配至每个工作日，大致形成月顺序排产，然后将该指导性计划发给协作厂或供应者，以便做好准备工作。一般月计划与实际生产计划的变动量控制在10%以内。

为了提高计划的准确性，准时生产制非常重视收集市场最新信息。当每月生产计划计算出来后，下个步骤为计算每日顺序排程。这个排程是指成品装配线生产各种成品的装配顺序，一般是利用计算机进行启发式算法来获得一个较满意的混流生产的顺序排程。正式的日顺序排程是在装配前两天发送到各制造部门。日顺序排程必须使总装和总加工中心的能力需求稳定，即装配线上每小时零件的使用量必须尽可能保持一定。

3.4.2 内部生产物流组织

1. 拉式生产

汽车生产的均衡性是一件十分困难的事情，因为有太多品种的产品和数量，这个过程是非常复杂的。对大多数生产者（包括早期的丰田汽车）而言，唯一可行的解决办法就是保持一定量的库存，每条生产线根据计划去做每天的工作。然而，这是一个高代价的办法，因为装配线需要持有相当于使用均衡生产系统3~4倍的库存，这是一种巨大的浪费。

拥有一个成功的系统来均衡生产，不仅仅要均衡数量，还包括产品种类。丰田公司将这种数量和品种的均衡命名为工作平准化。生产的平准化是消除浪费的大前提。看板系统在平准化生产模式下的运用是非常成功的。如果没有平准化生产，看板将无用武之地。基于丰田精益生产理论，企业把日计划用均衡板将各时间段的生产以看板的形式展示出来，称为拉动生产模式。理想的拉动生产模式就是客户需要什么就生产什么，生产节拍和客户一致，按单件流生产没有多余的库存。

由于客户需求的波动和内部生产质量问题、设备问题等，导致很难执行理想化的拉动。根据客户订单的数据分析来确定工厂内部的周生产计划，并以均衡板的形式把计划展示出来；同时根据客户波动的数据分析确定缓冲库存的数量；根据产品类型和换型时间确定线末库存的数量；根据发货频次和备货时间长短确定运输车准备区的数量，在这种拉动方式下，一方面保证了客户的交付，另一方面也保证了内部生产的稳定和库存的优化。

2. 缓冲和稳定性

通过对信息流和物料流进行分析来确定缓冲（库存缓冲和时间缓冲）和提高生产物流稳定性。

物料流是一种分析工具，它把生产现场的各个环节状况清晰详细地展示出来，识别出问题点，再共同找到改善方法。物料流里要识别出停滞点在哪里，即库存所在，物料从一个位置移到另一处需通过什么样的方式，所用人员、频次、数量的情况；信息流要体现出谁是信息的发出者和接收者，信息以什么方式发出，是看板、排序单还是计划，信息传递通道是否畅通。

企业相关部门需要一起绘制生产的信息流和物料流，从客户的信息开始，从后序向前序展开，在此过程中，用红色笔标出识别出的问题，以便之后共同找到解决方案。对物料流和信息流进行分析的过程包括：①分析客户需求。②描述生产过程。③描述库存。④描述物料流。⑤描述信息流。⑥计算周期时间。⑦总结分析结果。⑧制定目标。

丰田的 JIT 生产

准时制生产方式（Just In Time，JIT），又称无库存生产方式（Stockless Production），零库存（Zero Inventories），或者超级市场生产方式（Supermarket Production）。

日本汽车工业从其起步经历了一个技术设备引进对国产化——建立规模生产体制——高度成长——工业巨大化——强化国际竞争力——出口日增对全球战略这样一个过程。但是，从一开始的技术设备引进阶段，日本汽车工业就没有全部照搬美国的汽车生产方式。这其中除了当时的日本国内市场环境、劳动力以及第二次世界大战之后资金短缺等原因以外，一个很重要的原因是以丰田汽车公司副总裁大野耐一等人为代表，他们从一开始就意识到了美国汽车工业的生产方式虽然已很先进，但需采取一种更灵活、更能适应市场需求的能够提高产品竞争力的生产方式。在 20 世纪后半期，整个汽车市场进入了一个市场需求多样化的新阶段，而且对质量的要求也越来越高，随之给制造业提出的新课题是如何有效地组织多品种小批量生产，否则的话生产过剩所引起的是设备、人员、库存费用等一系列的浪费，从而影响到企业的竞争能力以至于生存。

在这种历史背景下，1953 年，日本丰田汽车公司的副总裁大野耐一综合了单件生产和批量生产的特点和优点，创造了一种在多品种小批量混合生产条件下高质量、低消耗的生产方式，即准时制生产方式（Just In Time，简称 JIT）。

JIT 的基本思想是"只在需要的时候，按需要的量，生产所需的产品"，也就是追求一种无库存，或库存达到最小的生产系统。JIT 的基本思想是生产的计划和控制及库存的管理。JIT 以准时生产为出发点，首先暴露出生产过量和其他方面的浪费，然后对设备、人员等进行淘汰、调整，达到降低成本、简化计划和提高控制的目的。在生产现场控制技术方面，JIT 的基本原则是在正确的时间，生产正确数量的零件或产品，即准时生产。它将传统生产过程中前道工序向后道工序送货，改为后道工序根据"看板"向前道工序取货，看板系统是 JIT 生产现场控制技术的核心，但 JIT 不仅仅是看板管理。

JIT 的基础之一是均衡化生产，即平均制造产品，使物流在各作业之间、生产线之间、工序之间、工厂之间平衡、均衡地流动。为达到均衡化，在 JIT 中采用月计划、日计划，并根据需求变化及时对计划进行调整。

JIT 提倡采用对象专业化布局，用以减少排队时间、运输时间和准备时间，在工厂一级采用基于对象专业化布局，以使各批工件能在各操作间和工作间顺利流动，减少通过时间；在流水线和工作中心一级采用微观对象专业化布局和工作中心形布局，可以减少通过时间。JIT 以订单驱动，通过看板，采用拉动方式把供、产、销紧密地衔接起来，使物资储备、成本库存和在制品大为减少，提高了生产效率。传统系统中生产计划的下达和 JIT 中生产计划的下达如图 3-2 和图 3-3 所示。

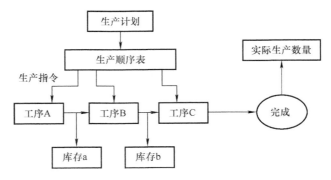

图 3-2 传统系统中生产计划的下达

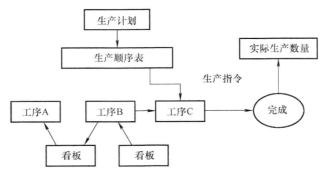

图 3-3 JIT 中生产计划的下达

4.1 汽车销售物流

销售物流是连接生产和消费的桥梁，是一切销售活动的保障。一般意义上的销售是指把企业生产、经营的产品或服务出售给消费者的活动。对生产企业来讲，销售活动大多数发生在与各种中间商的交易过程中；对经销商和零售商来讲，销售是指向最终消费者出售商品或服务。销售物流包括订货处理、产成品库存、发货运输、销售配送等内容。它是企业物流与社会物流的转换点，与企业销售系统相配合，共同完成产品的销售任务。

汽车销售物流包括整车销售物流和零配件销售物流，涵盖整车和零部件销售环节中的所有物流活动。

4.1.1 汽车销售网络的建立与管理

汽车制造商把汽车生产出来以后，并不能将商品立即销售出去，需要通过一定的销售网络和销售渠道才能将商品送到消费者手中。销售网络是由销售网点与销售渠道所形成的信息共有、风险共担、利益共享的网络化销售系统。销售网络可以创造时空便利、扩大市场覆盖、降低销售成本、提高承担风险能力、沟通相关信息，形成综合竞争优势。建立销售网络的主要目的是将产品以最有效的方式、最佳的渠道送到消费者的手中。对于汽车来讲，单位价值较高，一般以直接销售为主，渠道不宜过长。

1. 汽车营销模式

现代营销模式最大的特点是销售方式扁平化，制造商的产品不需经过层层经销商的推销。所谓的扁平化，是指通过减少管理层次、压缩职能部门和机构、裁减人员，使企业的决策层和操作层之间的中间管理层级尽可能减少，以便使企业快速地将决策权延至企业生产、营销的最前线，提高企业效率。目前，汽车营销模式主要有品牌专卖店模式、汽车超市模式、汽车交易市场、汽车园区、汽车大道营销模式、网络直销模式等。

（1）品牌专卖店模式 品牌专卖店模式是以汽车厂家的营销部门为中心，以区域管理中心为依托，以特许经销商为基点，受控于厂家的全新营销模式，它以单一品牌销售为主。它是由汽车制造或销售厂家授权，只经营销售专一汽车品牌，为消费者提供全方位购车服务的汽车交易场所，具有规范性、全程性和排他性等特点，是市场经济、市场竞争发展到一定程度的必然产物。

（2）汽车超市模式 汽车超市可以代理多家汽车品牌，即一家经销商可以同时提

供多种品牌的汽车产品和服务。汽车超市的特点是以汽车服务贸易为主，并千方百计拓展服务的外延，促使服务效益最大化。如美国卡迈克斯汽车商店，在全美国设有24家分销店，分别经营不同品牌的汽车产品。对于汽车超市模式，由于它可以同时经营多种汽车产品，则投资风险比较低。随着汽车品牌和各种车型的增加，人们的需求更加多样化，希望可以更直观地进行车型性能的对比，因此汽车超市模式则以其优势可以作为我国汽车营销模式的主流。

（3）**汽车交易市场与汽车园区**　汽车交易市场是指众多的汽车经销商集于同一场地，形成多品种、多商家的汽车交易市场，如北京的亚运村、北方汽车交易市场便是我国汽车交易市场的代表。从经营方式上来讲，汽车交易市场可以分为三种类型：①以管理服务为主，该类型的主要特征是管理者不参与经营销售，由经销商进场经营售车，市场只做好硬件建设及完善的服务管理，北京亚运村汽车交易市场是该模式的典型代表。②以自营为主，其他的入市经销商很少，即市场管理者同时也是主要汽车销售者。③自营与其他的入市经销商各占一半。

汽车园区是汽车集约型交易市场发展的新阶段，它以更加以用户为中心的服务理念，即以更宽松的购物环境为特点。相对于汽车交易市场，汽车园区的最大优势就是功能的多元化、服务的规范化。如果说汽车交易市场是集市，那么汽车园区就是现代化的购物广场。

（4）**汽车大道营销模式**　欧美汽车大国出现了一种新的汽车市场集合模式，即"汽车大道营销模式"。它设在方便顾客进入的快速道路两侧，聚集若干品牌的专卖店，形成专卖店集群。汽车大道营销模式集汽车交易、服务、信息、文化等多种功能于一体，具有规模大、环境好、交易额大、影响大等特点，体现了国际汽车营销由专一专卖店向集约化、趋同性方向发展的趋势。汽车大道营销模式在西方颇受欢迎，但作为西方汽车工业高度发达和当地地理人文条件形成的产物，并不适合中国当前的汽车市场。

（5）**网络直销模式**　随着电子商务的发展，网络直销也开始作为一种全新的营销模式应用于汽车销售。对于消费者而言，他们能更详细、更具体地比较各种汽车产品的信息，由此可促使他们更成熟更理智的购买行为。同时消费者个性化的要求也能够得到更好的满足。对于汽车生产商来说，网络的运用大大提高了企业的反应速度，这对提高企业竞争力有很大的帮助。同样重要的是，企业借助互联网可节省大量的人力、物力和财力；同时，汽车销售渠道的大大缩短，汽车生产厂家库存和中间流通费用的减少，也将使汽车成本得到大幅度降低。

2. 汽车销售渠道管理

汽车销售渠道是汽车产品实现其价值过程中的一个重要环节，它包括科学地确定汽车销售路线，合理地规划汽车销售网络，认真地选择汽车经销商，高效地组织汽车储运，及时地将品质完好的汽车提供给消费者，以满足消费者的需要。

（1）**汽车销售渠道的物流管理**　汽车产品由汽车生产企业最终到达消费者手中，不仅要通过汽车所有权的转移，而且要经过订货、运输、仓储、存货等管理活动，才能实现汽车产品实体的空间转移。其中，最为重要的是运输和仓储，它们和企业的销售渠道相辅相成，构成了汽车销售渠道的物流系统。汽车企业制定正确的物流策略，对于降低成本、增强竞争能力、提供优质服务、提高企业效益具有重要的意义。

每个特定的汽车物流系统都是由仓库数目、库址、规模、运输策略以及存货策略等构成的。因此，每一个汽车物流系统都存在着一套总成本计算方法，汽车物流系统总成本通常表达为总运输成本、总固定仓储成本、总变动仓储成本和因延迟销售所造成的销售损失的总机会成本之和。在设计和选择汽车物流系统时，要考虑各种系统的总成本，然后从中选择总成本最低的物流系统。

汽车的储存是指汽车产品离开生产领域而尚未进入消费领域之前，在汽车销售渠道流通过程中的合理停留。为了保证汽车企业再生产的顺利进行和满足消费者的消费要求，必须保持一定数量的汽车储存。汽车储存的策略主要包括汽车仓库的选择、汽车存货水平的控制和订货时间的确定。

汽车的运输是指借助各种运输工具实现汽车产品由生产地运送到消费地的空间位置上的转移。汽车运输方式是实现汽车产品地区之间移动的物质条件。常用的运输方式有铁路运输、水路运输和公路运输。运输方式选择主要取决于运输成本、地理因素和消费者需要服务的内容。在汽车运输线路选择时要力求做到把货物交给消费者的时间最短，以确保及时交货，提高服务质量，减少总的运输里程，降低企业的运输费用。汽车的运输策略，即汽车生产企业选择何种运输方式和运输线路，将汽车产品运送到销售地点。在制定汽车运输策略时，必须对各种汽车运输方式之间复杂的利害关系加以平衡，同时还必须考虑其他销售要素（如仓储和存货水平）的潜在影响。

（2）汽车销售渠道的资金流管理 汽车产品的整个流动过程不仅包括物流，还包括资金流。中间商的财务部是进行资金结算的管理部门和执行内部会计、财务功能的职能部门，它对资金进行规划和控制，因此必须建立严格的财务管理制度，以确保资金结算、融资业务、财务评估等资金流的工作合理、有效地进行。财务管理制度的内容包括以下四个方面：

1）资金结算管理。地区分销商在总经销商的汽车销售体系中担负的主要使命是从总经销商购进汽车，通过其所管辖的经销商将汽车销售给最终消费者。地区分销商的其他一切活动均是为此目的的服务的。

2）内部财务管理。内部财务管理的内容包括制定分销商内部财务、会计管理实施办法；编制销售收入、费用、利润、税金计划以及财务考核计划；统一管理分销商的固定资产、流动资金等。

3）对经销商的财务评估。对经销商的财务评估内容包括编制对经销商的财务评估计划；参与对经销商售车业务的审查，重点检查经销商售车时对售车价格政策的执行情况；评估、复核固定资产的群务处理及其公允价值，提出支付"投资毛利"的数额、支付方式与计划等的建议。

4）融资售车业务。融资售车业务管理的内容包括向进行融资售车业务合作的承办行和协办行提供经销商的财务状况等有关资料；将分销商的信贷需求计划与销售部提供的汽车计划报告给总经销商和承办行、协办行；协助承办行和协办行做好汽车销售收入划转、筹资结算和资金清算等。

（3）汽车销售渠道的信息流管理　信息流几乎渗透到汽车销售渠道中的每一个环节，控制和利用好这些信息流可以及时掌握相关的信息，从而制订合理的销售计划，并依此完善内部管理，扩大汽车企业的业务规模。常用的信息系统应包括营销管理系统、条码管理系统、库存管理系统、财务管理系统、PDI 管理系统等。汽车销售渠道的体系及其科学的管理方法，表明了选择和建设汽车销售渠道对于汽车生产企业至关重要，加强对销售渠道的管理，能保证销售渠道的正常运转，降低渠道运营成本，从而为消费者提供更大的价值。

4.1.2　汽车销售物流计划与决策

1. 销售物流计划

汽车整车销售物流的客户服务要求高、周转速度快、流程复杂，以及整车管理本身要求单车各种数据完整、及时和准确。作为汽车企业的资产，大量的成品车是通过代销的方式存放在经销商以及各地营销中心的，对这部分没有形成回款的资产，管理上要求是非常高的。而客户的需求，也就是市场和销售是引导生产产品品种、质量、数量的根本原因，也是影响和驱动产品物流流向、流量、流速的根本因素。汽车销售物流计划同样是按照汽车物流决策所确定的方案对其物流活动及其所需各种资源，从时间和空间上做出具体统筹安排的工作。物流计划的重要性可归纳为：是决策的基础、应变的措施、统一经营的保障、有效控制的手段。物流计划一般有三个要求：①承诺性，对用户的保证，对未来的承诺。②弹性，适应未来不确定性因素。③滚动性，根据计划执行情况和环境变化而定期修订计划，使长期计划、中期计划、短期计划互相协调。为保证计划实现，要组织好物流计划的执行与控制。物流计划的执行，最重要的有两项工作：首先，把物流总目标层层分解下去，做到层层有对策计划；其次，经常对物流计划运行情况进行修订和调整。一般采用以下两种方法：

（1）滚动式计划法　滚动式计划法（预测、计划、实际、差异循环法）把计划分为若干期，根据物流计划执行一定时期的实际情况和环境变化，对以后各期计划的内容进行适当的修订，并向前推进一个新的执行期，滚动式计划如图 4-1 所示。这种方法的特点是：远近结合、近细远粗、逐年滚动。这样既使物流计划保持严肃性，又具有适应性和现实性，有利于保持前后期工作的衔接协调，也可以使物流计划能够适应市场的变化，增强对外部环境适应的能力。

图 4-1　滚动式计划

（2）应变计划法　应变计划法（应急计划）是指当客观情况发生重大变化，原有计划失去作用时，物流企业为适应外部环境变化而采用备用计划的方法。一般物流企业在编制年度物流计划时都制订了备用计划，以便企业在内部调整计划时相对主动，从而避免慌乱，减少损失。要保证物流计划的实现，必须在计划执行过程中加强控制，也就是按预定的目标、标准来控制和检查物流计划的执行情况，及时发现偏差，迅速予以解决。控制包括事前控制、事中控制和事后控制。为此，首先要制定各种科学的标准，如定额、限额、技术标准和计划指标等；其次要健全物流信息反馈系统，加强物流信息管理。

2. 销售物流决策

销售物流决策是物流企业决策者在拥有大量信息和个人丰富经验的基础上，对未来行为确定目标，并借助一定的计算手段、方法和技巧，对影响销售物流的因素进行分析研究后，从两个以上可行方案中选择一个合理方案的分析判断过程。销售物流决策方法包括定性决策方法和定量决策方法两大类。

（1）定性决策方法　定性决策方法是指决策者根据所掌握的信息，通过对事物运动规律的分析，在把握事物内在本质联系基础上进行决策的方法。定性决策方法有下述几种：

1）头脑风暴法，又称思维共振法，即通过有关专家之间的信息交流，引起思维共振，产生组合效应，从而引发创造性思维。

2）德尔菲法是由美国著名的兰德公司首创并用于预测和决策的方法，该方法是以匿名方式通过几轮函询征求专家的意见，组织预测小组对每一轮的意见进行汇总整理后作为参考再发给各专家，供他们分析判断以提出新的论证。几轮反复后，专家意见渐趋一致，最后供决策者进行决策。

3）哥顿法是美国人哥顿于1964年提出的决策方法。该法与头脑风暴法相似，由会议主持人先把决策问题向会议成员做笼统的介绍，然后由会议成员（专家成员）讨论解决方案。当会议进行到适当时机时，决策者将决策的具体问题展示给小组成员，使小组成员的讨论进一步深化，最后由决策者吸收讨论结果，进行决策。

4）淘汰法是根据一定的条件和标准，对全部备选的方案筛选一遍，淘汰达不到要求的方案，缩小选择的范围。

5）环比法是在所有方案中进行两两比较，优者得1分，劣者得0分，最后以各方案得分多少为标准选择方案。

（2）定量决策方法　定量决策方法是指利用数学模型进行优选决策方案的决策方法。定量决策方法一般分为确定型决策、风险型决策和不确定型决策方法三种。

1）确定型决策方法是指只有一种选择，决策没有风险，只要满足数学模型的前提条件，数学模型就会给出特定的结果。确定型决策方法主要有盈亏平衡分析模型和经济批量模型。

2）风险型决策方法是指一个决策方案对应几个相互排斥的可能状态，每一种状态都以一定的可能性出现，并对应特定结果。风险型决策的目的是如何使收益期望值最大，或者损失期望值最小。期望值是一种方案的损益值与相应概率的乘积之和。

3）不确定型决策方法是指不能够判断各种状况出现的概率时使用的方法。常用的方法主要有三种，即冒险法（也称大中取大法）、保守法（也称小中取大法）和折中法。

4.2　汽车销售配送管理

4.2.1　配送的含义

所谓配送，是指把必要的物品在指定的日期和时间以前，安全准确地送达给最终客户的运输活动。运输和配送的区别是：当把企业的物流活动分为节点的活动和环节的活动时，把最终环节的物流活动称配送，其他环节的物流活动称运输。

制造厂家将商品从工厂经配送中心送到客户手中时，工厂和配送中心之间的物流活动就是运输。从配送中心到客户，最初的环节和最终的环节相同时，运输和配送就没有区别。

配送是物流中的一种特殊的、综合的活动形式，几乎包括了所有的物流功能要素，是物流的一个缩影或在小范围内是全部物流活动的体现。一般配送集装卸、包装、保管、运输于一身，通过这一系列活动完成将货物送达的目的；特殊的配送则还要进行加工活动。它的目的指向是安全、准确、优质服务和较低的物流费用。配送是从发货、送货等业务活动发展而来的。起初中转仓库和生产企业根据客户的要求，将货物准确地运送到客户手中。随着商品生产的发展和客户对产品多样化的要求，在客户需要什么就送什么的前提下，"配送"就应运而生了。配送就是按照客户的订货要求和时间计划，在物流结点（仓库、商店、货运站、物流中心等）进行分拣、加工和配货等作业后，将配好的货物送交收货人的过程，它不同于一般意义上的企业送货工作。配送活动与送货活动的区别如表4-1所示。

表4-1　配送活动与送货活动的区别

项目	配送活动	送货活动
目的	是社会化大生产、专业化分工的产物，是流通领域内物流专业化分工的反映，是物流社会化的必然趋势	是生产企业的一种推销手段，通过送货上门服务，达到提高销售量的目的
内容	客户需要什么送什么，不单是送货，还有分货、配货、配装等工作	有什么送什么，只能满足客户的部分需要
承担者	是流通企业的专职，要求有现代化的技术装备做保证。要有完善的信息系统，有将分货、配货、送货等活动有机地结合起来的配送中心	由生产企业承担，中转仓库的送货只是一项附带业务
基础	必须以现代的交通工具和经营管理水平作为基础。同时还和订货系统紧密关联。必须依赖现代信息的作用，使配送系统得以建立和完善	没有具体的要求
技术装备	全过程有现代化技术和装备的保证，在规模、水平、效率、速度质量等方面占优势	技术装备简单

4.2.2　配送的种类

根据不同的组织方式、对象特性和内容等，可以把配送作业划分为多种基本形式。

1. 按配送商品的种类和数量分类

（1）少品种或单品种、大批量配送　当客户所需的商品品种较少，或对某个品种的商品需要量较大、较稳定时，可实行此种配送形式。这种配送形式由于数量大，不必与其他商品配装，可使用整车运输。这种形式多由配送中心直接送达客户。由于配送量大，品种单一或较少，可提高车辆利用率，而且配送中心内部的组织工作也较简单，故而这种配送成本一般很低。

（2）多品种、少批量、多批次配送　在现代生产发展过程中，客户的需求在不断变化，市场的供求状况也随之变化，这就促使生产企业的生产向多样化发展。生产的变化引起了企业对原材料需求方面的变化，在配送上也应按照客户的要求，随时改变配送品种和数量或增加配送次数。这样，一种多品种、少批量、多批次的配送形式就应运而生了。

多品种、少批量、多批次配送是按照客户的要求，将所需的各种商品配备齐全凑整装车后，由配送节点送达客户。这种配送作业水平要求高、使用设备较复杂、计划难度大，需要有高水平的组织工作保证和配合。这种配送方式是一种高水平、高技术的方式，符合现代"消费多样化""需求多样化"的新观念。

（3）设备成套、配套配送　这是为满足企业的生产需要，按其生产进度，将装配的各种零配件、部件、成套设备定时送达生产线进行组装的一种配送方式。这种配送方式完成了生产企业大部分供应工作，使生产企业专门致力于生产，与多品种、少批量、多批次配送效果相同。

2. 按配送时间和数量分类

（1）定量配送　这种配送方式是指每次按固定的数量（包括商品的品种）在指定的时间范围内进行配送。它的计划性强，每次配送的品种、数量固定，备货工作简单。可以按托盘、集装箱及车辆的装载能力规定配送的定量，能有效利用托盘、集装箱等集装方式，配送效率较高，成本较低。由于时间不严格限定，可以将不同客户所需商品凑整车后配送，提高车辆利用率，客户每次接货都处理同等数量的货物，有利于人力、物力的准备。

（2）定时配送　这种配送方式是指按规定的间隔时间进行配送，如数天或数小时一次等，每次配送的品种和数量均可按计划执行，也可按事先商定的联络方式下达配送通知，按客户要求的品种、数量和时间进行配送。这种方式由于时间固定，易于安排工作计划，客户也易于安排接货。但是，由于备货的要求下达较晚，配货、配装难度较大，在要求配送数量变化较大时，也会使配送计划安排出现困难。

（3）定时定量配送　这种配送方式是指按规定的时间和规定的商品品种及数量进行配送。它结合了定时配送和定量配送的特点，服务质量水准较高，组织工作难度增加很大，通常针对固定客户进行这项服务。

（4）定时定量定点配送　这种配送方式是指按照确定的周期、确定的商品品种和数量、确定的客户进行配送。这种配送方式一般事先由配送中心与客户签订协议，双方严格按协议执行。它有利于保证重点需要和降低企业库存，主要适用于重点企业和重点项目。

（5）定时定线配送 这种配送方式是指在规定的运行线路上制定到达时间表，按运行时间表进行配送，客户可按规定线路及规定时间接货。采用这种配送方式有利于安排车辆及驾驶人员，在配送客户较多的地区，配送工作组织相对容易。客户既可在一定线路、一定时间内进行选择，又可有计划地安排接货力量，像连锁商品配送活动可以用这种方式。

（6）即时配送 这种配送方式是指随要随送，按客户提出的时间和商品品种、数量的要求，随即进行配送。这种配送方式是以某天的任务为目标，在充分掌握了这一天需要的客户、需要量及种类的前提下，及时安排最优的配送线路并安排相应的配送车辆实行配送。它可做到每天配送都能实现最优的安排，因而是水平较高的方式。适合一些零星商品、临时需要的商品或急需商品的配送。

为了使即时配送方式能有计划指导，可以在初期按预测的结果制订计划，以便统筹安排一个时期的任务，并准备相应的力量。实际的配送实施计划则可在配送的前一两天根据任务书来做。

3. 按配送组织者分类

（1）商店配送 商店配送是指配送组织者是商业零售网点的配送。这些网点主要承担商品的零售，规模不大，但经营品种较齐全。除日常零售业务外，还可根据客户的要求将商店经营的品种配齐，或代客户外定购一部分商店平时不经营的商品，和商店经营的品种一起配齐送给客户。这种配送组织者实力有限，往往只是小量、零星商品的配送。所配送的商品种类繁多，客户需用量不大，有些商品只是偶尔需要，很难与大配送中心建立计划配送关系，所以利用小零售网点从事此项工作。商业零售网点数量较多，配送距离较短，所以比较灵活机动，可承担生产企业非主要生产物资的配送以及对客户个人的配送。

（2）配送中心配送 配送中心配送是指配送组织者是专职从事配送的配送中心。这种配送中心专业性强，和客户有固定的配送关系，一般实行计划配送。需配送的商品通常有一定的库存量，一般情况很少超越自己的经营范围。这种配送中心的设施及工艺流程是根据配送需要专门设计的，所以配送能力强、配送距离较远、配送品种多、配送数量大，可以承担企业主要物资的配送及实行补充性配送等，是配送的主要形式。

配送中心配送覆盖面较宽，是一种大规模的配送形式，必须有配套的大规模实施配送的设施，如配送中心建筑、车辆、线路等，一旦建成便很难改变，灵活机动性较差，投资较高。因此，这种配送形式有一定局限性。

（3）仓库配送 仓库配送是以一般仓库为节点进行配送的形式。可以是仓库完全改造成配送中心，也可以是以仓库原功能为主，在保持原功能前提下增加一部分配送职能。由于不是专门按配送中心要求设计和建立，所以仓库配送规模较小、配送的专业化较差，但可以充分利用原仓库的储存设施及能力、收发货场地、交通运输线路等，所以是开展中等规模的配送可选择的配送形式，也是不需要大量投资的一种形式。

（4）生产企业配送　生产企业配送的组织者是生产企业，尤其是进行多品种生产的生产企业。在运作时，直接由本企业开始进行配送而无须将产品发运到配送中心再进行配送。由于避免了一次物流中转，所以有其一定优势，在地方性较强的产品生产企业中应用较多，如就地生产、就地消费的食品、饮料、百货等；在生产资料方面，某些不适于中转的化工产品及地方建材也采取这种方式。

4. 按经营形式分类

（1）销售配送　销售配送是指配送企业是销售性企业，或销售企业进行的促销型配送。这种配送的对象往往不固定，客户也往往是不固定的，配送的经营状况也取决于市场状况，配送随机性较强且计划性较差。各种类型的商店配送一般多属于销售配送。

（2）供应配送　供应配送是指企业为了自己的供应所需要采取的配送方式，往往由企业或企业集团组建配送节点，集中组织大批量进货，然后向本企业配送或向本企业集团若干企业配送。这种配送方式在大型企业或企业集团、联合公司中采用较多，例如商业中广泛采用的连锁商店，就常常采用这种方式。供应配送在保证供应水平、提高供应能力、降低供应成本等方面有重要意义。

（3）销售—供应一体化配送　销售—供应一体化配送是指销售企业在自己销售产品的同时，对于基本固定的客户和基本确定的配送产品对客户执行有计划的供应，它既是销售者同时又成为客户的供应代理人。对某些客户来讲，这样可以减少自己的供应机构，而委托销售者代理。

采用这种配送方式，一方面销售者能获得稳定的客户和销售渠道，有利于本身的稳定持续发展，扩大销售数量；另一方面客户能获得稳定的供应，可以大大节约本身为组织供应所耗用的人力、物力和财力。

销售—供应一体化配送是配送经营中的重要形式，这种形式有利于形成稳定的供需关系，有利于采取先进的计划手段和技术手段，保持流通渠道的稳定畅通。

（4）代存代供配送　代存代供配送是指客户将属于自己的货物委托配送企业代存、代供，有时还委托代订，然后组织对本身的配送。这种配送方式在实施时不发生商品所有权的转移，配送企业只是客户的委托代理人，商品所有权在配送前后都属于客户所有，所发生的仅仅是商品物理位置的转移。配送企业从代存、代送中获取收益，而不能获得商品销售的经营性收益。

5. 按配送专业化程度分类

（1）综合配送　综合配送是指配送商品种类较多，不同专业领域的产品在同一个配送结点中组织对客户的配送。它可以减少客户为组织所需全部商品进货的负担，而只需通过和少数配送企业联系，便可以解决多种需求的配送。因此，它是对客户服务较强的配送形式。

由于产品性能、形状差别很大，综合配送在组织时技术难度较大。因此，一般只是在性状相同或相近的不同类产品方面实行综合配送，差别过大的产品难以综合化。

（2）专业配送　专业配送是指按产品性状不同适当划分专业领域的配送方式。专业配送并非越细分越好，实际上在同一性状而类别不同的产品方面也是有一定综合性的。专业配送可按专业的共同要求优化配送设施、优选配送机械及配送车辆、制定适应性强的工艺流程，从而大大提高了配送各环节的工作效率。

4.2.3　配送的基本环节

从总体上看，配送是由备货、理货和送货三个基本环节组成的，其中每个环节又包含着若干项具体的活动。

1. 备货

备货是指准备货物的系列活动，它是配送的基础环节。严格来说，备货应当包括两项具体活动：筹集货物和储存货物。

（1）筹集货物　在不同的经济体制下，筹集货物（或者说组织货源）是由不同的行为主体去完成的。若生产企业直接进行配送，那么筹集货物的工作自然是由企业（生产者）自己去组织。在专业化流通体制下，筹集货物的工作则会出现两种情况：①由提供配送服务的配送企业直接承担，一般是通过向生产企业订货或购货来完成此工作。②选择商流、物流分开的模式进行配送，订货、购货等筹集货物的工作通常是由货主（如生产企业）自己去做，配送组织只负责进货和集货（集中货物）等工作，货物所有权属于事主（接受配送服务的需求者）。然而，不管具体做法怎么不同，就总体活动而言，筹集货物都是由订货（或购货）、进货、集货及相关的验货、结算等一系列活动组成的。

（2）储存货物　储存货物是购货、进货活动的延续。在配送活动中，储存货物有两种表现形态：一种是暂存状态；另一种是储备（包括保险储备和周转储备）形态。

1）暂存状态的储存是指按照分拣、配货工序要求，在理货场地储存少量货物。这种形态的货物储存是为了适应"日配""即时配送"需要而设置的，其数量多少对下一个环节的工作方便与否会产生很大影响，但不会影响储存活动的总体效益。

2）储备形态的储存是按照一定时期配送活动要求和根据货源的到货情况（到货周期）有计划地确定的，它是使配送持续运作的资源保证。如上所述，用于支持配送的货物储备有两种形态：周转储备和保险储备。然而不管是哪一种形态的储备，相对来说数量都比较多。据此，货物储备合理与否，会直接影响配送的整体效益。

以上所讲的备货是决定配送成功与否、规模大小的最基础的环节。同时，它也是决定配送效益高低的关键环节。如果备货不及时或不合理，成本较高，那么就会大大降低配送的整体效益。

2. 理货

理货是配送的一项重要内容，也是配送区别于一般送货的重要标志。理货包括货物分拣、配货和包装等几项经济活动。

货物分拣采用适当的方式和手段，从储存的货物中分出（或拣选）用户所需要的货物。货物分拣一般采取两种方式来操作：①摘取式；②播种式。

1）摘取式分拣就像在果园中摘果子那样去拣选货物。具体做法是：作业人员拉着集货箱（或称分拣箱）在排列整齐的仓库货架间巡回走动，按照配送单上所列的品种、规格、数量等将客户所需的货物分拣出并装入集货箱内。在一般情况下，每次拣选只为一个客户配装；在特殊情况下，也可为两个以上的客户配装。目前已推广和应用了自动化分拣技术，由于装配了自动化分拣设施等，大大提高了分拣作业的劳动率。

2）播种式货物分拣类似于田野中的播种操作。其做法是：将数量较多的同种货物集中运到发货场，然后根据每个货位货物的发送量分别取出货物，并分别配备好货物，有些经过分拣、配备好的货物尚需重新包装，并且要在包装物上贴上标签，记载货物的品种、数量、收货人的姓名、地址及运抵时间等。

3. 送货（发送）

送货是配送活动的核心，也是备货和理货工序的延伸。在物流活动中，送货的现象形态实际上就是货物的运输（或运送），因此常常以运输代表送货。但是，组成配送活动的运输（有人称之为"配送运输"）与通常所讲的"干线运输"是有很大区别的：前者多表现为对用户的"末端运输"和短距离运输，并且运输的次数比较多；后者多为长距离运输（"一次运输"）。由于配送中的送货（或运输）需要面对众多的客户，并且要多方向运动，因此在送货过程中，常常进行运输方式、运输线路和运输工具的选择。按照配送合理化的要求，必须在全面计划的基础上制定科学的、距离较短的货运线路，选择经济、迅速、安全的运输方式和适宜的运输工具。通常，配送中的送货（或运输）都把汽车（包括专用车）作为主要的运输工具。

4. 流通加工

在配送过程中，根据用户要求或配送对象（产品）的特点，有时需要在未配货之前先对货物进行加工（如钢材剪切、木材截锯等），以求提高配送质量，更好地满足用户需要。融合在配送中的货物加工是流通加工的一种特殊形式，其主要目的是使配送的货物完全适合客户的需要和提高资源的利用率。

汽车行业的未来趋势是加强行业分工，汽车零部件生产功能和物流配送功能都将从制造企业中剥离出来，把物流管理的部分功能委托给第三方物流企业管理。第三方物流对于汽车制造企业改善物流环境，提升企业核心业务竞争力具有显著效果。若某物流公司下设信息中心和仓储配送中心，客户（汽车生产厂）可以通过因特网、电话或传真直接向信息中心下达配送指令或订单，信息中心将配送指令或订单信息传送给配送中心，配送中心根据工厂的要求进行分拣配货作业，并按时间要求向工厂进行实物配送。同时，配送中心将库存情况和配送执行的信息实时反馈给信息中心，信息中心处理后再传给客户（汽车生产厂）。客户（汽车生产厂）根据配送中心的库存情况决定配送中心的进货时机，并通过因特网、电话或传真向相应的配套零件供应商下订货单。供应商确认订货单后向信息中心发送交货通知和交货单，信息中心向配送中心下达接货指令，由供应商组织进货运输，将货物运至配送中心。

◎◎◎　4.3　汽车国际贸易与物流管理

4.3.1　汽车国际物流的含义与特点

1. 国际物流的含义

国际物流是国内物流的延伸和进一步扩展，是跨越国界的、流通范围扩大了的"物的流通"。国际物流是组织货物在国家间的合理流动，是实现货物在两个或两个以上国家（或地区）间的物流性移动而发生的国际贸易活动。国际物流是国际贸易的一个必然组成部分，各国之间的相互贸易最终要通过国际物流来实现。从国际贸易的一般业务角度来看，国际物流是实现国际商品交易的过程，即实现卖方交付单证、提交货物和收取货款，而买方接受单证、支付货款和收取货物的贸易对流条件。

国际物流的实质是按国际分工协作的原则，依照国际惯例，利用国际化的物流网络、物流设施和物流技术，实现货物在国际的流动与交换，以促进区域经济的发展和世界资源优化配置。随着经济全球化进程的加快，不论是已经实现国际化的跨国企业，还是一般有实力的企业，都在积极地推行国际化战略。企业国际化战略的实施，使企业分别在不同国度中生产零配件，又在另外一些国家组装或装配整机，企业这种生产环节之间的衔接必须依靠国际物流。而汽车这一商品以其复杂的结构决定了其企业必须要参与到国际物流中。

2. 国际物流的特点

国际物流与国内物流相比，具有以下几个特点：

（1）物流环境存在差异　国际物流的一个非常重要的特点是各国物流环境存在差异，这种差异来自于多方面的因素，尤其是物流软环境的差异。不同国家有关物流的适用法律使国际物流的复杂性远高于一个国家的国内物流的发展水平，甚至会阻断国际物流。不同国家的不同经济和科技发展水平会造成国际物流处于不同科技条件的支撑下，甚至有些地区根本无法应用某些技术而迫使国际物流全系统水平的下降。不同国家不同标准，也造成国际"接轨"的困难，因而使国际物流系统难以建立。不同国家的风俗人文也使国际物流受到很 大局限。由于物流环境的差异，就迫使一个国际物流系统需要在几个不同法律、人文、习俗、语言、科技、设施的环境下运行，无疑会大大增加物流的难度和系统的复杂性。因此，国际物流相对于物流来说，要形成完整、高效的物流系统的难度非常大。

（2）物流系统的范围广　物流本身的功能要素、系统与外界的沟通已经很复杂了，而国际物流还要在这复杂系统上增加不同国家的要素和不断变化的各种因素，这就不仅使国际物流在地域上、空间上更广阔，而且所涉及的内外因素更多，所需的时间更长，其直接后果是难度和复杂性增加、风险增大。因此，国际物流只有融入现代化信息技术之后，其效果才比以前更显著。

（3）国际物流必须有国际化信息系统的支持　国际化信息系统是国际物流，尤其是国际联运非常重要的支持手段。国际物流面对的市场变化多、稳定性小，因此对信息的提供、搜集和管理具有更高的要求。国际化信息系统建立的难度大（管理困难，投资巨大）。另外，由于世界上有些地区物流信息水平较高，有些地区较低，因此会出现信息水平不均衡的现象，因而信息系统的建立更为困难。当前，国际物流信息系统一个较好的建立办法就是和各国海关的公共信息系统联机，以便及时掌握各个港口、机场和联运线路、站场的实际状况，为供应或销售物流决策提供支持。国际物流是最早发展"电子数据交换"（简称 EDI）的领域，以 EDI 为基础的国际物流将会对物流的国际化产生重大影响。

（4）国际物流的标准化要求较高 　国际物流要使国际物流互相接轨并畅通起来，统一标准是非常重要的。可以说，如果没有统一的标准，国际物流水平是不可能提高的。这些标准包括国际基础标准、安全标准、卫生标准、环保标准及贸易标准等，在此基础上还制定并推行了运输、包装、配送、装卸、储存等技术标准。美国、欧洲基本实现了物流工具、设施的统一标准，如统一的托盘规格、统一的集装箱规格及条码技术等，这样就大大降低了物流费用，降低了转运的难度。如果不向这一标准靠拢的国家，必然就会在转运、换车底等方面多耗费时间和费用，从而降低其国际竞争能力。

4.3.2　汽车国际物流系统的组成

　　汽车国际物流系统是一个极其复杂的大系统，它是由众多分系统、子系统相互连接、共同组成的一个运作协调的开放经济系统。从国际物流系统的功能要素角度看，汽车国际物流系统是由商品的包装、储存、运输、检验、流通加工和再包装以及配送等子系统组成。汽车国际物流系统的组成如图4-2所示。

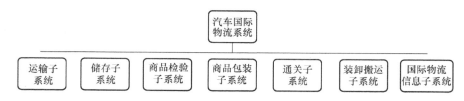

图4-2　汽车国际物流系统的组成

1. 运输子系统

　　运输的作用是将商品的使用价值进行空间移动，物流系统依靠运输作业克服商品生产地点和需要地点的空间距离，创造了商品的空间效益。国际物流系统依靠运输作业克服在不同国家（或不同地区）的生产地点和需要地点的空间距离。物品通过国际货物运输作业由供方转移给需方。国际货物运输具有线路长、环节多、涉及面广、手续繁杂、风险高、时间性强等特点。国际运输费用在国际物品价格中有时会占有很大的比重。国际运输管理主要考虑运输方式的选择、运输线路的选择、承运人的选择、运输费用的节约、运输单据的处理以及货物保险等方面的问题。总之，运输子系统是国际物流系统中的核心子系统。

2. 储存子系统

　　物品的储存会使物品在流通过程中处于一种或长或短的相对停滞状态，有人称储存是运输中的"零速度运输"。即使是在"零库存"的概念下，国际物流中物品的储存也是完全必要的，因为国际物品的流通是一个由分散到集中，再由集中到分散的源源不断的流通过程。例如，国际贸易或跨国经营中的物品从生产厂或供应部门被集中运送到装运港口时，通常需临时存放一段时间再装运出口，这就是一个集散的过程。它主要在各国的保税区和保税仓库进行，因此会涉及各国保税制度和保税仓库建设等方面的问题。从现代物流的理念看，在国际物流中应尽量减少储存时间、储存数量，加速物品的周转，实现国际物流的高效率运转。由于储存保管可以克服物品在时间上的差异，因此能

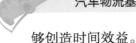

够创造时间效益。

3. 商品检验子系统

国际物流中的物品是国际贸易交易的货物或跨国经营的商品，其具有投资大、风险高、周期长等特点，因此商品检验成为国际物流系统中重要的子系统。通过商品检验确定交货品质、数量和包装条件是否符合合同的规定。如发现问题，可分清责任，向有关方面索赔。在买卖合同中，一般都定有商品检验条款，其主要内容有检验的时间与地点、检验机构与检验证明、检验标准与检验方法等内容。

4. 商品包装子系统

杜邦定律（美国杜邦化学公司提出）认为，63%的消费者是根据商品的包装进行购买的，国际市场和消费者是通过商品来认识企业的，而商品的商标和包装就是企业的面孔，它反映了一个国家的综合科技文化水平。

5. 通关子系统

国际物流的一个重要特点就是货物要跨越关境。由于各国海关的规定并不完全相同，因此对于国际货物的流通而言，各国的海关可能会成为国际物流中的瓶颈。要消除这一瓶颈，就要求物流经营人熟知有关国家的海关制度，在适应有关国家的通关制度的前提下，建立安全有效的快速通关系统，保证货畅其流。

6. 装卸搬运子系统

国际物流运输、储存等作业离不开装卸搬运，因此国际物流系统中的又一个重要子系统是装卸搬运子系统。装卸是短距离物品的搬移，是储存和运输作业的纽带和桥梁。它也能够提供空间效益。能够高效地完成物品的装卸搬运，就能够更好地发挥国际物流节点的作用。同时，节省装卸搬运费用也是降低物流成本的重要途径之一。

7. 国际物流信息子系统

国际物流信息子系统的主要功能是采集、处理和传递国际物流和商流的信息情报。没有功能完善的信息系统，进行国际贸易和跨国经营将比较困难。国际物流信息的主要内容包括进出口单证的作业过程、支付方式信息、客户资料信息、市场行情信息和供求信息等。国际物流信息系统的特点是信息量大、交换频繁、传递量大、时间性强、环节多、点多、线长，所以要建立技术先进的国际物流信息系统。国际贸易中，EDI 的发展是一个重要的趋势，我国也应该在国际物流中加强推广 EDI 的应用，建立国际贸易和跨国经营的高速公路。

国际物流系统中的上述子系统应该与配送子系统、包装子系统以及流通加工子系统等有机联系起来，统筹考虑，全面规划，建立适应国际竞争要求的国际物流系统。

4.3.3　汽车国际物流组织运作管理

汽车国际物流组织运作管理是在充分把握物流需求特性的基础上，利用相关国家提供的政策支持和国际物流资源，构建有竞争力的国际物流运作网络，并对其运行过程进行持续的监控、评价、优化和再造。它包括四个组成部分：物流网络的规划与构建，物流信息系统的开发与维护，物流运行过程的控制，运作过程的优化与再造。

1. 物流网络的规划与构建

首先要对物流的需求进行系统的分析，把握需求的品种、频率、数量、包装要求和成本需求，然后研究供应地的位置和供应能力，以及相关国家的政策环境和物流服务提供者的资源水平；在把握需求、能力和环境的基础上，开发出各种国际物流运作方案并对其服务水平和服务成本进行评价，确定满意度最高的国际物流网络；与潜在的物流链上的各个服务商进行商务谈判，建立战略伙伴关系。网络规划与构建是一个持续的过程，是一个随着国际商务需求特点的变化、运作环境政策的调整、合作伙伴能力的变化而不断动态优化的过程，这是领导者长期关注的重点，是战略层面的思考和行动。

2. 物流信息系统的开发与维护

为了支持这些规划得以实现，使运作过程的效率得到保证，物流信息系统的开发与维护便成为第二个重要的管理维度。大的汽车公司可以有自己的系统开发团队或子公司支持，也可以寻找信息系统开发商作为长期的战略合作伙伴，特别是在日常运营维护层面，几乎所有大公司都有外部的信息系统运营服务商做日常支持，从而保证服务效率和质量。信息系统的开发是为了保证物流链运行中的信息需求的可得性，反过来对于管理者和客户来说也要求得到物流运行状态的反馈信息，既要满足业务执行信息的需求，又要满足管理和控制的需求，比如订单、运单、包装和发运计划、货物报关的状态、财务结算的状况、索赔认可及执行的情况、货物运输和储存的位置、客户的意见及执行效果等，要保证所有利益相关方都能对其关切的信息具有可得性、准确性和及时性，这就需要综合运用现代信息技术手段，如 EDI 技术、互联网通信、一维或二维条码技术、RFID（射频识别系统）技术、智能化调度技术（线路规划、配载方案开发等）以及统计、分析和预测技术。系统建成后，要进行测试与试运行，在正式运行后做好维护和监控服务。国际物流运作效率的高低直接取决于系统的开发和使用的水平，这是国际物流运作中一个持续改善的维度，已得到所有利益相关者的高度重视。

3. 物流运行过程的控制

要根据需求和资源情况确定滚动的运作计划，为物流链中的所有参与方提供资源准备的指南；利用信息系统中提供的差异信息和统计分析数据，对运行过程进行适时的协调和控制，对合作伙伴的人员、资产、能力发展计划进行必要的监控和支持，保证物流运行过程稳定。同时，要对潜在的风险做出预测和防范，并制订应急方案，比如建立安全库存，规划运输路线和港口、仓储设施等，或安排应急的运输公司提供紧急服务支持，保证能够应对因季节性气候变化、政治冲突、重大社会活动、军事活动等给物流链顺畅运行带来的风险。从运作过程的优化与再造维度上看，主要是坚持客户导向，将客户的现实需求和潜在需求的满足作为运作管理改进创新的目标，针对客户变化的需求，动态地调整物流链的运作方式，甚至在必要情况下发起业务流程再造。

4. 运作过程的优化与再造

多年的实践表明，大众汽车集团通过与船舶公司协商，调整班轮航行计划，缩短了运输周期；通过与海关、商检部门密切合作，缩短了货物的验放周期；通过与供应商合作，缩短了供应周期；通过与包装中心合作，缩短了包装和发运周期，使从德国到中国的物流运行周期缩短了 42%，所产生的直接和间接效益是巨大的。

以上四个维度的论述，是基于德国大众集团多年的运作管理实践进行的总结和归纳，对于国内外的大型汽车集团或其他全球化公司的国际化物流运作管理可以起到借鉴作用。

4.3.4　汽车国际物流信息管理

1. 国际物流中心信息系统的基本构成

国际物流作业中参与的成员虽然很多，但按照实体作业来区分可以把它视为两个以上的国内物流中心作业再加上进出口的报关与海空运（运输）作业。这里根据其功能，大致可归纳成以下五个部分：

（1）采购管理　采购作业最主要的功能是接受客户的委托，有条件地办理客户产品的进货事宜，免除客户对物流中心存货状况的担心，只需专注于市场的反应即可。采购作业除了可以有效地缩短进货作业的前置时间外，也可以掌握供货商交货日期的正确性。

（2）卷标系统　从货物进货开始就将其贴上条码，条码上的数据包含货品数据、委托客户数据等，在出货时再贴上送货客户数据、交货地点、预订送达时间等信息，整个物流作业的过程中均需要经过读条码的环节，以方便客户查询货物情况。

（3）客户服务　提供给客户的增值服务大多与信息分析有关。例如，送货客户的交货状况、最近出货变动分析、存货管理信息等，以协助客户实时掌握市场的最新动态，并迅速地进行相应配合。

（4）货况管理　一般来说，客户将产品委托给物流中心后，只能被动地通过一些定期报表或向物流中心查询才能得知产品的现况。要获知产品现况的最好办法是有统一的机构来负责搜集国际物流作业中的各项信息，客户可通过此渠道（因特网）来主动获得产品在交货过程中的各项状态。而送货客户、供应商也能利用此渠道来预估是否需要提高产品库存等后续作业。有了这种渠道，能有效加强上下游之间的伙伴关系。

（5）接口管理　国际物流中心的营运活动在于提供来自不同国家的产品、不同对象（委托客户、送货客户、物流合作伙伴、海关）与文件（信息）往来，而各个对象所需耗费的时间、文件数据皆不相同，因此必须有一个专门负责的系统来规范与转换彼此所需要的信息。

2. 国际物流中心信息系统的流程

在信息分享与协同作业方面，国际物流中心信息系统最主要的功能是将有用的信息往上游或下游传递并与合作伙伴间的信息流程整合在一起，再根据当时的作业现况做最佳的安排。这些数据包括基本数据、进出信息、财会信息、附加信息以及其他信息。在国际物流作业流程里参与的机构很多，包含有进出口的供货商、专业物流公司（运输业者、第三方物流公司、仓储中心、物流中心）、海空运业者、海关及货主。以进口货物为例来说明国际物流作业的信息流程。当供货商完成产品生产后，随即委托给物流业者处理，该批货物的物流信息即开始展开信息协同作业的流程，由客户的订单信息转为供货商的出货单、发票以及包装明细表。在供货中心阶段，数据已转成收货的订单信息和报关所需的相关文件，经由空运的打盘或海运的装柜作业，会产生仓单的内容。同时出口地的物流业者已将货物信息传递到进口地的物流合作伙伴手中，一方面成为国际物流中心的进货订单，另一方面也进行着通关作业和商品审验的文件处理，最后货物经由运输业者的配送作业送到客户手中。这些运送的文件也早已在运输业者的系统之中，等货物交到客户手中时，取得到货证明文件，结束进口货物的国际物流作业。

3. 国际物流中心的信息协同模式

在国际物流作业流程中，参与的机构众多，由单独的公司来进行所有的作业是不可行的，所以必须以信息协同的理念来构建系统的功能与基本的运作模式。通过信息的协同将物流作业的部分信息透明化，让众多成员间可以相互分享信息以及进行流程整合，这样可以缩短上下游之间产品的流动时间，降低相关企业的成本，增强企业的竞争优势。这种协同模式将国际物流中心的信息系统与联盟伙伴本身的物流信息系统进行信息的整合，这种信息架构主要包括以下几个部分：

1）数据交换接口管理。数据交换接口管理是与外界沟通的桥梁，共有客户电子数据交换、战略伙伴电子数据交换、报关电子数据交换三种。其主要功能是帮助物流成员的信息系统的数据交换，如执行电子数据交换所需要的通信软件与转换软件。另外，国际物流中心也是通过客户电子数据交换，将配送产品、数量、到达时间、地点等有关物流方面的信息传递给委托客户、送货客户。

2）关务系统管理。通过第三方物流业者传递给国际物流中心的进口产品的物流信息，先由关务人员进行确认，再将相关的电子信息透过数据交换接口传送到关贸网络，并等待海关的回复，最后把结果传递给物流信息系统。整个报关作业均有国际物流中心关务人员来负责统筹，可以有效地节省信息传递的时间及费用。而此系统还包含查询服务系统，提供给海关、货主来查询有关报关的相关信息。

3）Web 服务器与应用程序。利用因特网的便利性设置网站，供成员或客户通过联机直接在网站上面做数据传输或查询相关的关务信息，也可以让客户直接在此下订货单。另外，设置 Web 服务器可以有效分担客户与服务端的工作量，可以提升信息系统的运作效能，并统筹与管理物流作业，进一步降低国际物流作业的复杂性。

4）物流信息系统。这一信息系统包含了采购、卷标、出货订单、流通加工、仓储、拣货、出货、财会、营运、设备等系统的物流数据，每个物流作业点完成后都会将数据传到 Web 数据库，并在协议的时间内自动进行与伙伴间的数据交换，定期将货品的状况传递给货主。除了客户关系的管理外，还可以提供更多不同的信息或物流服务，增强客户的忠诚度。

5）运输管理系统。由于各送货客户的要求不尽相同，因此为保留各自的运作弹性，该系统并不负责送货客户的配送规划，仅负责汇总送货客户的出货要求给运输者，由运输者自行与送货客户协商并提出配送计划给国际物流中心，以便汇报委托客户。

6）客户服务系统。国际物流中心除了物流作业外，信息提供也可以提升本身的附加价值。通过信息的分享，可以将市场的信息通过适当的分析后迅速反馈给客户，就好像一个庞大的商业数据库摆在客户面前一样，供客户自行取用，彼此共创商机。使用这一系统的各成员均可以通过国际物流中心来彼此联系，节省各自建立信息传递及数据转换的成本，日后的货况查询与信息分享也非常便利，对于整体物流作业而言利大于弊。

在此系统构架下，对于企业或是战略伙伴的物流作业，并不会额外增加负担，还可以通过系统的辅助做更有效率的安排，进而达到合理的分配储位，多频率的配送，妥善的车辆调度及人员派遣的目标，使得物流成员间各司其职，使企业更具竞争力。总之，在国际物流中心信息系统架构下，除了可以达到资源共享外，也能充分利用信息系统的优点，帮助物流业者提高竞争优势。

 ## 4.4 案例分析

奇瑞汽车营销物流系统研究

奇瑞是我国汽车自主品牌的优秀代表，它的整车营销物流是由奇瑞物流公司负责的。奇瑞汽车营销物流系统在仓储管理信息系统和运输管理信息系统两方面进行了创新，使奇瑞的信息系统更加适应奇瑞物流的需要。

1. 仓储管理信息系统

(1) 实行网络化管理　奇瑞汽车物流信息系统在因特网的环境下，推出了集中管理的新模式。这个模式的特点是将全部的信息系统都集中在奇瑞总公司，由总部负责管理。在集中管理模式下，奇瑞的营销物流能够实现数据的同步和共享，同时也方便总部对物流的控制和管理。当然，这个模式必须依赖于因特网，而且对网络的安全性要求较高。

(2) 加快技术改造，在软硬件上采用新的技术　奇瑞已经改变了传统的手工操作、人工记录的模式，采用计算机来处理物流数据。在仓库管理的硬件设备上增加货架等工具，同时建立了自动化的立体仓库，实现了自动送取货、自动拣选。使得货物在出库时更加快捷，而且减少了很多劳动力，节约了成本。在软件设施方面，建立了公司内部的局域网，采用先进的管理系统，并且将新的技术运用到实际中来。

(3) 利用联合库存策略，降低库存　奇瑞的供应链以奇瑞公司为核心企业，将上游的供货商和下游的销售商联合起来，采用联合库存管理系统。联合库存管理系统指的是汽车生产企业、汽车原材料供应企业、汽车经销商企业一起制定汽车产品的库存策略，在制订计划时，综合考虑各企业的需求状况，注重信息的及时有效传递，从而保证各个企业的库存处于最合理状态。通过联合库存管理系统的引入，奇瑞的物流信息传递得更加及时，而且准确性也大幅度提高。

2. 运输管理信息系统

(1) 引入第三方物流　奇瑞汽车物流虽然已经有10家运输企业为其服务，但是并不能满足奇瑞日益发展的需要，出现了运力不足车辆滞留和延发的现象。对此，奇瑞重点导入第三方物流，将一些路线外包给专业的物流公司去做，这样不仅能够解决运力问题，而且优化了奇瑞的运输体系结构。

(2) 对物流线路进行优化　奇瑞汽车公司综合分析汽车市场情况，根据不同地区的需求不同，对不同车型的需求量也不同的特点，结合地理位置，选择适当的运输方式，并且对物流线路进行了优化研究，加快运力周转。对偏远地区多采用铁路运输，对

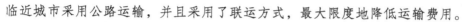

临近城市采用公路运输，并且采用了联运方式，最大限度地降低运输费用。

（3）推进售后物流体系发展　奇瑞汽车公司建立了售后零部件管理中心，负责处理汽车零件的销售和索赔事宜。该管理中心借用第三方物流公司，为客户提供配件更加快捷，对客户的需要响应也更加快捷，很大程度上提高了顾客满意度。

第 5 章

汽车行业第三方物流

5.1.1 第三方物流概述

由于供应链的全球化，物流活动变得越来越复杂、物流成本越来越高、资金密集程度也越来越高。利用外协物流活动，企业可以节省物流成本、提高客户服务水平。这种趋势首先在制造业出现，企业将资源集中用于最主要的业务，而将其他活动交给第三方物流企业，这样就促进了第三方物流的发展。目前随着汽车行业的不断发展，汽车业的物流外包现象也逐渐被普及，汽车行业的第三方物流企业也将迎来新的发展机遇。

1. 何谓第三方物流

第三方物流，英文表达为 Third – Party Logistics，简称 3PL 或 TPL，"第三方"这一词是相对"第一方"发货人和"第二方"收货人而言的。物流服务企业在货物的实际物流链中并不是一个独立的参与者，而是代表"第一方""第二方"来执行的。

中国国家标准《物流术语》（GB/T 18354—2006）中将第三方物流定义为"由供方和需方以外的物流企业提供物流服务的业务模式"。其实所谓第三方物流，是指生产经营企业为集中精力搞好主业，把原来属于自己处理的物流活动，以合同方式委托给专业物流服务企业，同时通过信息系统与物流企业保持密切联系，以达到对物流全程管理和控制的一种物流运作与管理方式。因此，第三方物流又叫合同契约流（Contract Logistics）。提供第三方物流服务的企业，其前身一般是运输业、仓储业等从事物流活动及相关的行业。从事第三方物流的企业在委托方物流需求的推动下从简单的存储、运输等单项活动转为提供全面的物流服务，主要包括物流活动的组织、协调、管理、设计建议以及提供最优的物流解决方案，物流活动过程中的信息搜集、管理等，目前第三方物流的概念已经被西方流通行业广泛接受。

2. 国内外第三方物流发展现状

国际上，现代意义上的第三方物流发展历史较为短暂，是一个相对较为年轻的行业，20 世纪 90 年代是第三方物流发展的黄金时代，在一些西方国家已经形成了较为完整的产业。

美国将第二次世界大战中的"后勤供应"手段运用到物流业管理，并且在公路、铁路、水运、管道、航空等五种运输业中广泛使用信息技术手段，在 20 世纪 70 年代，美国仅汽车货运及相关行业的产值就达到国民经济总产值的 7% 以上，目前第三方物流业被认为处于产品生命周期的成长期，并以两位数的速度持续发展。20 世纪 90 年代中后期，第三方物流服务的使用比例约为 50%，市场规模为 200 亿美元，像苹果计算机、通用汽车就是依托第三方物流而达到近乎"零库存"管理。

在日本，物流网络遍布全国，在 20 世纪 80 年代中期就有了 5 万多家物流企业，而货物量也达到了 34 亿多吨。日本由通商产业省和运输省主管物流，私营企业有许多都是从事物流行业，比如流通中心、运输社等。

在欧洲，使用第三方物流服务业的比例高达 76%；全年 1290 亿欧元的物流服务市场，大概有 1/4 是由第三方物流所完成。其中德国 99% 的运输业务和 50% 以上的仓储业务都交由第三方物流企业所完成；英国的第三方物流在商业领域已从货物配送发展到店内物流。原先由商店营业员负责的一系列活动，现在都是由第三方物流服务商所完成。

近年来，随着全球经济的不断发展，跨国公司、外资企业在我国越来越多，而国外的一些第三方物流公司也已经开始陆续进驻我国。与此同时，我国商业、粮食、外贸等运输企业以及一些交通运输、货运代理企业也在积极地拓展海外的经营范围，延伸服务项目，改进服务方式，逐步实现由传统物流企业向第三方物流企业的转化。但是总体来说，我国的第三方物流服务的探索才刚刚开始，我国的第三方物流的发展才刚刚起步。目前，国内只有少数知名企业使用第三方物流服务，大多数企业因为各类原因并未涉足该领域。

5.1.2　汽车行业第三方物流发展趋势

20 世纪 80 年代，伴随着物流一体化由企业内部物流活动的整合转向跨越企业边界的不同企业的相互协作，供应链的概念应运而生。供应链是围绕核心企业，通过对信息流、资金流、物流的控制，从采购原材料开始，到中间产品的加工、最终产品的形成，最后由销售网络将产品销售到消费者手中，在整个产品的流通过程中将供应商、制造商、分销商、零售商以及最终的用户连成一个整体的功能网链结构模式。这不仅是一条连接供应商到客户的物料信息链、资金链，而且还是一条增值链。

汽车生产的全球化、专业化导致了业务外包生产模式在供应链所有环节上的应用。其中，很重要的一个方面是物流业务的外包，也就是汽车生产企业把主要经历集中在核心业务中，而将采购供应物流业务外包给专业化的第三方物流企业。现代化的第三方物流企业具有实力雄厚的物流基础设施和设备，具有先进的物流信息平台以及丰富的物流管理和运作经验。第三方物流的引入可以大大提高整个供应链的物流效率，因而它是我国汽车制造企业提高采购供应物流效率、降低成本的有效途径。

汽车行业的未来趋势是加强行业分工，零部件的生产功能和物流配送功能都将从制造企业中剥离出来，把物流管理的部分功能委托给第三方物流系统来进行管理，以此降低作业成本，减少投资，将资源集中配置在核心业务上，促进汽车新产品的开发与产品质量的提高。因此，第三方物流模式将成为未来的主导型物流形式，即汽车制造企业将一部分或主要物流业务委托给外部的专业物流公司来完成。

第三方专业汽车物流企业有其自身的专业化物流运作经验与技术，有专业的物流网络及设施、专业化的物流运作管理人才和现代化的物流信息系统，有利于促进汽车产品总体物流效率的提高和物流的合理化。作为供应链集成的一种手段，第三方物流系统为用户提供了高效率、高质量、个性化的服务，起到了供应商和用户之间相互协调的桥梁作用。利用第三方物流的专业化运作，可以使汽车制造企业以无资产方式延伸到世界各个角落，并获得更多的市场信息，快速进入国际市场。第三方物流为整车生产企业提供了面向生产线的 JIT 配送服务，为零部件生产企业提供了一体化的物流服务。同时，第三方物流可以利用社会相关网络来开展物流业务，为供应链企业提高物流服务，例如，供应链中的资金流可由银行体系以及网上银行来解决。第三方物流企业为汽车供应链提供物流及信息流服务，当供应链的组成企业发生变化时进行协调，避免供应链内部产生脱节。在汽车零部件采购供应的环节中，可通过引入具备协调中心功能的第三方物流系统，以取消和减少供需双方的库存，从而增加了供应链的敏捷性和协调性，大大改善了供应链的服务水平和运作效率。

由第三方物流投资兴建的信息网络，其信息资源可以由客户企业和第三方物流企业共享，方便了双方的信息交流，保证了物流的高效运行，从而提高了物流生产的效率，降低了物流成本，使双方从中获利。供应链中的企业利用第三方物流企业的信息以及仓储运输等基础设施来进行统一规划，促进整体汽车物流的专业化、现代化，使供应链得到不断优化。第三方物流模式可以降低供应链中节点企业的库存，提高供应链的整体效率和反应速度，增强整个供应链的竞争力。因此，引入第三方物流是促进我国汽车工业采购供应体系现代化的一条有效途径。

为获得最优的供应链整体竞争力，汽车行业第三方物流的发展将呈现出以下发展趋势：

（1）汽车物流服务全球化 荷兰国际分拨委员会在 2002 年发表的一篇题为《全球物流业——供应连锁服务业的前景》的报告中指出，目前许多大型制造部门正朝着"扩展企业"的方向发展。同时报告认为，制造业已经实行了"定做"服务，并不断加速其活动的全球化，对全球供应连锁提出了一次性销售的需求。这种服务要求极其灵活机动的供应链，也迫使物流服务商几乎采取一种"一切为客户服务"的解决办法，要为全球化网络的需求提供跨国界的、全球化的物流服务。如 2005 年 1 月，我国的第三方物流企业——安吉汽车物流公司与国际航运业巨头——日本邮船株式会社（NYK）签订合资协议，成立安吉日邮汽车物流有限公司，从事汽车物流等多种业务。

（2）汽车物流服务范围多元化 为汽车制造商或终端客户提供一站式的一体化的综合物流服务，成为现代第三方汽车物流企业生存的关键点。第三方汽车物流商要拓展自己的综合性物流业务，如实现海陆空等各种运输方式的一体化，运输、仓储、加工、信息管理等物流功能一体化等，在国外称之为物流企业的"混业"经营。如一些企业实行全球"混业"扩张战略，美国总统轮船（APL）公司旗下的美集物流公司（ACS）于 2001 年以 2.1 亿美元收购了美国第二大以增值仓储服务为主业的 GATX 物流公司，随后 APL 物流公司又收购了德国 Mare 物流公司，以形成自身的综合一体化的全球网络和能力。

（3）汽车物流的绿色化方向 全球的经济在迅速发展，但周围的环境恶化与地球资源的过度消耗等现象已对人类的生存发展造成威胁。在物流活动中有大量的资源消耗、大量的有害气体排放、噪声污染、交通堵塞等危害直接作用于人们的日常生活，各国政府要求物流企业向绿色物流、循环型物流转变，如倡导采用替代燃料及排污量小的货车车型，采用近距离配送、夜间运送等方式，努力构建绿色物流体系。

5.1.3　我国汽车行业第三方物流现状和存在的主要问题

1. 我国汽车行业第三方物流市场企业竞争分析

目前，中国各品牌汽车集团之间竞争激烈，区域保护政策引发的市场公开度和竞争度不强。多数汽车企业没有采用公开招投标的方式来采购物流服务。由于地方保护主义严重，多数业务都背靠着这样或那样的体制/区域壁垒，而非是单纯地以竞争实力说话。

汽车物流是伴随汽车产业而发展起来的新兴行业。由于这个行业起步晚，发展快，行业标准的制定相对滞后，物流企业管理、服务规范及运输工具均未形成统一的标准。全国汽车物流企业多处于小、多、散、弱的状态，难以形成有效的社会服务网络，而当整个供应链环节出现问题时，又往往显得无所适从。

汽车物流基础设施建设缺乏统一规划，出现了盲目投资、重复建设和物流成本较高等问题。近年来，中国汽车生产和销售快速增长，但与之配套的各项基础设施的建设没有跟上汽车业的发展。国内各大汽车企业各自建立运输网络，企业之间缺乏有效合作，汽车物流配送更是各自为政、重复建设，使运力资源大大浪费。特别是在运送整车的过程中，仍然普遍存在着单向载货运输、双向核算运输成本，返回运力资源利用率低。

运输成本高等问题，例如，许多汽车物流企业都各自担负着不同品牌轿车的运输服务。这些企业在全国各地都有自己的仓库、运输车辆甚至运输船舶以及专用铁路等，区域分布情况各有不同。如果对这部分资源进行有效整合，将会优化资源配置，大大降低汽车物流成本，提高运输服务绩效。

目前，中国汽车物流企业普遍信息化程度低，没有完善的信息平台，信息服务业的整体水平不高，服务功能不完善，影响了物流业的发展。汽车物流业目前信息统计分散、零乱、不系统，好多统计信息尚处于空白状态，这就造成了差错率高、信息传递慢和管理效率低下。信息化是物流系统的基础，没有网络技术支持的信息化，任何先进的技术设备都不可能很好地应用于物流领域。物流的信息化包括商品代码和数据库的建立，运输网络合理化、销售网络合理化、物流中心管理电子化等。汽车物流企业要充分利用信息网络技术来发展现代物流，改变过去有点无网、有网无流的状况，为用户提供快速、准确、高效的服务。

各大物流企业各自为战，信息保密，未能进行有效的合作，而一些社会闲置资源拥有者则抛出单程运价甚至更低的报价来获取业务，对正规价格体系形成了很大的冲击，从一定程度上导致了行业内部的恶性竞争。而整体物流服务水平不高又在客观上造成了汽车物流的有效需求不足，各汽车物流商的运输价格相差较大，设备使用率较低的现实。

2. 我国汽车行业第三方物流市场存在问题分析

虽然中国汽车物流市场目前已具有一定的规模，各个层次的物流配送企业已得到不同程度的发展，具有区域配送和跨区域配送的能力。但中国汽车行业物流配送模式同其他行业的物流模式一样，也存在着不少缺陷，主要表现在以下三方面：

1）国内汽车物流的服务质量与管理模式不成熟，缺乏先进的管理模式和理念。国内汽车物流共同的不足是基础设施薄弱，如港口机场高速公路的投入不够。汽车物流供应商受地方保护及行政体制的影响太深，造成汽车物流工作质量参差不齐，服务质量不能有大的提升。国内物流市场对以金融 IT 技术为特征的物流解决方案的需求正在迅速增长，而这一部分业务正是外资物流公司的核心竞争力所在。它们进入我国的愿望也更加强烈，但国内物流体制和市场的不完善使它们较难顺利进入我国市场。

2）物流企业间运力资源共享与合作太少，信息沟通方式落后，回程空驶率很高，运送汽车过程成本高。国内不同省市之间政策规定不同，给物流商为客户提供跨省服务带来了不便。我国进出口汽车运输是以厂商自我运营为主导的市场，随着我国加入 WTO，进口车的数量有了大幅度增长，目前国内运输网络还难以满足这种需要。

3）国内不同省市间的不同政策给物流商在全国性范围内的运输服务造成了较大的阻碍，使全国范围内的运输网络不顺畅，影响物流收益。同时运输、仓储基础性服务收益占物流收益中的绝对比例高，而车辆运输等高附加值收益所占比例太小。

据业内人士分析，国内已有不少企业在做汽车物流的业务，但它们更多的是擅长于整车物流这样一个相对简单的领域，没有哪个第三方物流商能够接手汽车制造商的整个供应链。而在国外，只要制造商把生产计划告诉物流商，物流商就会全权负责，不管中转还是运输，它的定位是全方位提供汽车物流方面的服务。这个服务将会从产前零配件的分拨到最后整车的配送，囊括汽车行业涉及的各个领域。在我国，汽车物流的成本占汽车生产成本的比重超过 15%，而在欧洲，这个数字是 8%。我国巨大的汽车消费市场吸引了诸多国际巨头，而国内不成熟的汽车物流市场也为它们的进入提供了足够的空间。

3. 我国汽车行业第三方物流市场发展前景分析

（1）基础设施建设 物流业是一个基础性行业，国家应加快物流基础设施的建设，而且在国家和地方决策规划中都应考虑到物流基础设施和物流园区的规划，为汽车产业第三方物流网络设计谋篇布局。要对返程的动力资源进行充分利用，避免部分动力资源的浪费，对各汽车物流企业的资源进行有效整合，以优化资源配置，降低汽车物流成本，提高运输服务绩效，实现互利双赢。可能的话，可以由行业协会牵头推动现有资源的整合与利用。

（2）培育物流人才 一个优秀的物流企业要求管理者必须具备较高的经济学和物流学专业知识和技能，精通物流供应链中的每一门学科，因此要尽快确立物流专业的核心课程，发挥院校、行业的作用，组织高校教师和有关专家编写核心课程的教材，加强人才培养的实践教学环节，尽快培养出适合中国汽车物流业发展的人才队伍。

（3）信息网络技术 汽车物流企业要充分利用信息网络技术来发展现代物流，保证物流活动一系列环节的准确对接，为用户提供快速、准确、高效的服务。其核心目标就是：最大限度地提高物流速度，整合物流资源，降低物流成本，形成国际竞争力。此外，做好政府及有关部门的信息服务，不仅有利于阳光政策出台，带动信息化发展，而且会造就更多的强势的专业信息服务公司和地方行业协会，为物流业提供服务。

（4）建立公平有序　政府应坚持"治超"的开展，还市场一个公平、有序的竞争环境。此外，要形成一个新的道路运输体系。在一些成熟的市场经济国家里，部分行业管治标准的出台是由行业协会做出的。在我国虽然不可能这样做，但政府职能部门如果重视协会的力量，是有可能降低许多执法成本，并快速实现立法初衷的。

第三方汽车物流具有专业化、规模化和社会化的特点，是物流资源整合的主要承担者。在欧美发达国家和地区，以第三方物流供应商或者领头物流供应方身份加入汽车供应链已成为主流，80%以上的汽车制造商均将汽车物流外包。随着中国汽车产业的发展，汽车供应链的社会分工日趋专业化，特别是面临外资跨国物流集团的威胁，加快第三方汽车物流企业的发展，增强市场竞争力，既是整合汽车物流资源的有效途径，也是应对跨国物流集团挑战的有效途径之一。可以预见，汽车物流在市场导向的引领下，必将为汽车产业的发展起到更大的促进作用。

5.2　汽车行业第三方物流管理

汽车行业第三方物流管理就是对汽车行业第三方物流企业物流过程中的包装、流通加工、仓储、装卸搬运、运输、配送、物流信息等活动进行计划、组织和控制，通过物流管理组织对整个物流活动进行的计划、组织和控制工作。它是通过对物流的计划—实施—评价过程反复进行的，内容十分广泛。本节将着重介绍汽车行业第三方物流的运输管理、仓储管理、配送管理、成本管理和绩效评价等业务管理。第三方物流管理内涵如图 5-1 所示。

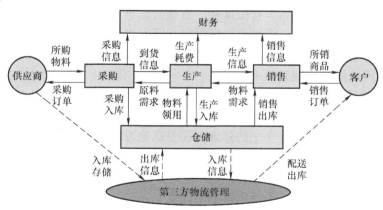

图 5-1　第三方物流管理内涵

5.2.1　汽车行业第三方物流运输管理

运输是物流的主要功能之一，它改变了物品的时间状态和空间状态，将空间上相隔的供应商和需求者联系起来，并使供应商能在合理的时间内将物品提供给需求者。运输提供了物品位移和短期库存的职能。

运输条件是企业选择工厂、仓库、配送中心等地点需要考虑的主要因素之一。按照运输工具及运输设备的不同，运输主要包括铁路运输、公路运输、水路运输、航空运输和管道运输五种主要方式。各种运输方式都有其自身的特点，并且分别适合于运输不同距离、不同形式、不同运费负担能力和不同时间需求的物品。

1. 运输管理的概念

汽车行业第三方物流企业的运输管理是指汽车行业中的第三方物流企业依托企业物流信息系统，对整个运输过程的各个部门、各个环节及其业务活动、运输计划、发运、接运、中转等活动中的人力、物力、财力和运输设备进行合理组织，统一使用，调节平衡，实时控制，监督执行，力求用同样的劳动消耗运输更多的货物，在为客户提供优质服务的同时，实现自己企业的利润最大化。

2. 运输管理的内容

汽车行业第三方物流企业的运输管理和其他企业的运输管理一样，主要包括运输决策、运输过程管理和运输结算管理三个内容。详述如下：

（1）运输决策 决策能力是第三方物流企业的核心竞争力。运输决策是整个运输管理的前期工作，对运输管理起着举足轻重的作用。这是企业在运输作业前就运输方式、运输工具、运输线路、运输时间选择、运输成本预算、运输人员配备和运输投保等进行选择，拿出最优方案的过程。它还包括决策所必须进行的对客户资源、服务项目及运输源的管理。

（2）运输过程管理 运输过程管理是整个运输管理的核心部分。它包括对发运、接运、中转和运输安全管理以及对伴随商品流动而进行的人员流动、资金流动的管理。发运管理包括落实货源、检查包装标记、安排短途搬运、办理托运手续等工作。接运管理包括对交接手续、接卸商品、仓位准备、直接转运等程序的管理。中转管理应注意中转的衔接，还应在加固包装、清理更换破损包装等方面加强工作，以提高运输质量。运输安全管理包括建立各项运输安全制度，防止运输事故发生，当事故发生后应及时进行处理，避免积压扯皮、长期悬而不决等。

（3）运输结算管理 运输结算管理是物流企业运输管理的最后环节，主要包括运输费用结算与财务处理，还可以包括索赔、处理他人索赔、运输设备的维修与采购等。

这三方面的内容在实务操作中的体现主要是运输方式及服务方式的选择，运输线路的选择，车辆调度与组织，运费的确定与审议。

3. 运输管理的地位

在所有的物流功能中，一个最基本的功能就是运输。随着现代物流的不断发展，物流的概念早已不是单纯的运输，但运输费用依然占据整个物流费用中很大的比例。物流的概念说明物流是直接改变了"物"的时间及空间状态。运输作为物流中改变物的"空间状态"的主要手段，再辅以搬运、配送等活动，就能完成物流中改变"物"的空间状态的全部任务。

第三方物流被称为企业的"第三利润源"，其本意就在于随着社会化大生产的不断发展，到今天，想在生产、销售等各个环节大规模地节约成本、降低费用已经很难实现。专家们发现，在流通领域中，随着技术的不断进步，信息技术的不断丰富，以及现代物流企业的不断涌现，专业化的物流不仅能够起到传统运输的作用，更能根据实际情况分析、设计出较优的物流运输体系，而这已成为各企业纷纷争取努力降低成本，增大竞争实力的有利途径。众所周知，运输不同于静止的保管，要靠大量的能量消耗来实现"物"的空间位置转移的功能。在绝大多数情况下，运输物品的空间位置转移都有两种或两种以上的选择方式。如何选择运输方式以及选择何种运输方式将更趋专业化。由于运输的消耗是巨大的，因而合理的选择将带来更低的成本。

由于某些运输的里程很大，在各种运输手段不断完善的今天，通过各种运输工具的相互配合，各种运输手段的不断增强，联运、代理等服务项目的不断涌现以及国家流通体制改革的不断完善和国家对基础设施投入的不断增加，整个社会的生产成本将能获得更大的节约。

4. 运输管理的基本原理

（1）规模原理　规模经济的特点是指随着装运规模的增长，每单位重量的运输成本不断下降，但包括接受运输订单的行政管理费用、定位运输工具装卸的时间、开票，以及设备费用等与商品转移有关的固定费用不随装运的数量而变化。

（2）距离原理　距离经济的特点是指每单位距离的运输成本随距离的增加而减少。运输工具装卸所发生的相对固定的费用必须分摊每单位距离的变动费用。距离越长，可以使固定费用分摊给更多的各单位距离，导致每单位距离支付的总费用更低。

（3）服务原理　任何运输经营活动都是为有空间效应需求的消费者提供服务的。运输经营的目标不仅在于提高装运规模和实现距离最大化，而且更重要的在于满足客户的服务期望。提供怎样的服务、怎样提供服务和为谁提供服务就成了运输经营的核心要求。

（4）成本原理　企业开展运输经营必须树立经营成本管理意识，加强运输成本控制，实现运输服务与运输成本的合理统一。

5.2.2　汽车行业第三方物流仓储管理

仓储在物流系统中有着调整时间和调节价格的作用，同时仓储业务的多种多样又决定了仓储管理的重要性。仓储管理也正随着经济的发展不断出现新的动态，因而学习和掌握仓储管理方法是必不可少的。

1. 仓储管理的基本原理

（1）仓储的集约化法则　仓储的集约化法则就是集中仓储策略。其最大优点就是能够降低总体库存水平，节约仓储运作成本。所以在满足客户需求及维持一定的服务水平前提下，尽量实行集中仓储。

$$SS_2 = \sqrt{\frac{N_2}{N_1}} SS_1$$

式中，SS_2 为所有新仓库累计的安全库存；SS_1 为所有旧仓库累计的安全库存；N_2 为新的仓库数量；N_1 为旧的仓库数量。

（2）仓储管理的差异化法则（20/80 法则）　80%的利润来自20%的客户，所以，要将有限的最佳服务能力用在最有价值的客户身上。另外，产品的特征不同，客户的服务需求也就不同，所以要针对客户的特殊需求展开差异化服务，以建立自己的服务品牌和信誉，提高自己的物流服务价值。

（3）物流总成本最低法则　物流系统的规划和设计不是追求某个单一物流环节的成本最低，而是追求物流的总成本最低。也就是不是追求运输成本最低，也不是追求仓储成本最低，而是追求物流总成本最低。或者说在客户服务水平确定的情况下，追求物流服务成本最低。

2. 仓储的业务管理

仓储管理包括货物的入库管理、在库管理和出库管理三大块。其中，在库管理是指对库中作业的管理，特指货物包装、拆卸、库中调配、再加工等典型的物流服务。通过对出入库数量的计算，可以得出准确的库存结存量，另外，还可以根据物流订单信息进行库存的预测。

（1）入库管理　仓库作业过程的第一个步骤就是验货收货，物品入库。它是物品在整个物流供应链上的短暂停留，而准确的验货和及时的收货能够加强此环节的效率。一般来讲，在仓库的具体作业过程中，入库主要包括以下三个步骤：核对入库凭证、入库验收和记账登录。

（2）在库管理　仓库作业的第二个步骤是存货保管，物品进入仓库进行保管，需要安全地、经济地保持好物品原有的质量水平和使用价值，防止由于不合理的保管措施所引起的物品磨损、变质或者流失等现象，具体步骤为：堆码、养护和盘点。

（3）出库管理　仓库作业的最后一个步骤是发货出库。仓库管理员根据提货清单，在保证物品原先的质量和价值的情况下，进行物品的搬运和简易包装，然后发货。仓库管理员的具体操作步骤为：核对出库凭证、配货出库和记账清点。

3. 仓储管理的作用

仓储管理的对象是具体、零散、千差万别的，因而其管理模式和方法不可能整齐划一。但为了管理有效、保证所储货物安全、能及时满足需要，仓储在物流管理中发挥着不可替代的作用。其主要作用如下：

（1）发挥物流服务中据点和前线的作用　为客户提供满意的服务，防止客户采购货物的短缺，并缩短客户预购货物的时间。

（2）连接生产和消费的时间间隔　产生时间功效，对平均生产、集中消费、集中生产、平均消费进行时间调整，也就是在供应和需求之间进行时间调整。

（3）连接生产和消费在地点上的间隔　如甲地生产、乙地销售或一地生产、多地销售等就要依赖于存储来调节商品在地点间的转移。

（4）调整价格　防止因货物一时充斥市场，超过对该物品的需求而引起的行市暴跌或暴涨。

（5）储备作用　在价格下降时大量储存可以减少损失，储存商品还可以应对灾害等不时之需，并可以防范突然事件对商品的需求。

（6）降低物流成本　用适当的时间间隔补充与需求量相适应的合理的货物量以降

低物流成本，消除或避免销售波动的影响，同时也可保证生产的计划性和平稳性。

当今，仓储管理已由从储存着眼的被动观点变为从流通着眼的主动观点。因而，仓储除发挥上述传统功能外，也发挥着集货、分类、检验、理货的处所功能。

5.2.3 汽车行业第三方物流配送管理

1. 配送管理的概念

汽车行业第三方物流配送管理是指为了以最低的配送成本达到客户所满意的服务水平，对配送活动进行的计划、组织、管理、协调与控制。按照管理进行的顺序，可将配送管理划分为三个阶段：计划阶段、实施阶段和评估阶段。

（1）计划阶段 计划是作为行动基础的某些事先的考虑。配送计划是为了实现配送预期所要达到的目标而做的准备性工作。

首先，配送计划要确定配送所要达到的目标，以及为实现这个目标所进行的各项工作的先后顺序；其次，要分析研究在配送目标实现的过程中可能发生的任何不确定性，尤其是不利因素，并做出应对这些不利因素的对策；最后，制定、贯彻和指导实现配送目标的人力、物力和财力的具体措施。

（2）实施阶段 配送计划确定以后，为实现配送目标，就必须要把配送计划付诸实施。配送的实施管理就是对正在进行的各项配送活动进行管理。它在配送各阶段的管理中具有最突出的地位，因为在这个阶段，各项计划将通过具体的执行而得到检验。同时，实施阶段也把配送管理工作与配送各项具体活动紧密地结合在一起。

（3）评估阶段 在一定时期内，人们对配送实施后的结果与原计划的配送目标进行对照、分析，这就是对配送的评价。通过对配送活动的评价，可以确定配送计划的科学性、合理性，确认配送实施阶段的成果与不足，从而为今后制订新的计划、组织新的配送提供宝贵的经验和资料。

2. 配送管理的内容

从不同的角度来看，配送管理包含以下不同的内容：

（1）配送模式管理 配送模式是指企业对配送所采取的基本战略和方法，具体包括5W1H（即 What、Why、Who、Where、When、How）的内容。企业选择何种配送模式，主要取决于以下几方面的因素：配送对企业的重要性、企业的配送能力、市场规模与地理范围、保证的服务及配送成本等。根据国内外的发展经验及我国的配送理论与实践，目前主要形成了以下几种配送模式：市场配送模式、合作配送模式、自营配送模式。

1）市场配送模式。所谓市场配送模式，是指专业化物流配送中心和社会化配送中心，通过为一定市场范围的企业提供物流配送服务而获取盈利和自我发展的物流配送组织模式。具体又有公用配送和合同配送两种情况：

公用配送，即面向所有企业。公用配送中心一般建立在中心城市，一般是由若干家生产企业共同投资，共同持股和共同管理的经济实体。

合同配送，即通过签订合同，为一家或数家企业提供长期服务。这是中国汽车行业最广泛的一种物流配送模式。

2）合作配送模式。所谓合作配送模式，是指若干企业由于共同的物流需求，在充分挖掘利用企业现有物流资源的基础上，联合创建配送组织模式。

3）自营配送模式。所谓自营配送模式，是指生产企业和连锁经营企业创建完全是为本企业的生产经营提供配送服务的组织模式。选择自营配送模式的企业自身物流具有一定的规模，可以满足配送中心建设发展的需要。如上汽集团自有的安吉物流，也具有一定的规模。但随着电子商务的发展，这种模式将会向其他模式转化。

（2）配送作业管理 不同产品的配送可能有其独特之处，但配送的一般流程大体相同。配送作业流程的管理就是对这个流程的各项活动进行计划和组织。

（3）对配送系统各要素的管理 从系统的角度看，对配送系统各要素的管理主要包含以下内容：

1）人的管理。人是配送系统和配送活动中最活跃的因素。对人的管理包括：配送从业人员的选拔和录用；配送专业人才的培训与提高；配送教育和配送人才培养规划与措施的制定等。

2）物的管理。"物"指的是配送活动的客体，即物质资料实体。物质资料的种类繁多，物质资料的物理、化学性能更是千差万别。对物的管理贯穿于配送活动的始终，它渗入到配送活动的流程之中，不可忽视。

3）财的管理。财的管理主要是指配送管理中有关降低配送成本、提高经济效益等方面的内容，财的管理是配送管理的出发点，也是配送管理的最终归宿。主要内容包括配送成本的计算与控制；配送经济效益指标体系的建立；资金的筹措与运营；提高经济效益的方法等。

4）设备管理。设备管理的主要内容为各种配送设备的选型与优化配置；各种设备的合理使用和更新改造；各种设备的研制、开发与引进等。

5）方法管理。方法管理的主要内容为各种配送技术的研究和推广普及；配送科学研究工作的组织与开展；现代管理方法的应用等。

6）信息管理。信息是配送系统的神经中枢，只有做到有效的处理并及时传输物流信息，才能对系统内部的人力、财力、物力、设备和方法等要素进行有效的管理。

（4）对配送活动中具体职能的管理 从职能上划分，配送活动主要包括配送计划管理、配送质量管理、配送技术管理及配送经济管理等。分述如下：

1）配送计划管理。配送计划管理是指在系统目标的约束下，对配送过程中的每个环节都要进行科学的计划管理，具体体现在配送系统内各种计划的编制、执行、修正及监督的全过程。配送计划管理是物流管理工作的最重要的职能之一。

2）配送质量管理。配送质量管理包括对配送服务质量管理、配送工作质量管理、配送工程质量管理等。配送质量的提高意味着配送管理水平的提高，意味着企业竞争能力的提高。因此，配送质量管理是配送管理工作的中心环节。

3）配送技术管理。配送技术管理包括对配送硬技术和配送软技术的管理。对配送硬技术的管理，是对配送基础设施和配送设备的管理。如配送设施的规划、建设、维修与运用，配送设备的购置、安装、使用、维修和更新，提高设备的利用效率，对日常工具的管理等；对配送软技术的管理，主要是指配送各种专业技术的开发、引进和推广，配送作业流程的制定，技术情报和技术文件的管理，配送技术人员的培训等。配送技术管理是配送管理工作的依托。

4）配送经济管理。配送经济管理包括配送费用的计算和控制，配送劳务价格的确定和管理，配送活动的经济核算、分析等。成本费用的管理是配送经济管理的核心。

3. 配送管理的意义

配送管理的意义在于，可以通过对配送活动的合理计划、组织、协调与控制，帮助实现以最低的成本达到最高的客户服务水平的总目标。从不同的角度来看，其意义有不同的体现。

配送与运输、装卸、储存、流通加工、包装和物流信息一起构成了物流系统的功能体系。它有以下几个方面的作用：

（1）提高物流的经济效益　采取配送方式，通过增大订货经济批量可以降低进货成本；通过将客户所需的各种商品配备好，集中起来向客户发货，以及将多个客户的小批量商品集中在一起进行一次发货等方式，可以提高物流经济效益。另外，配送环节的建立实现了规模经济优势，使单位存货和管理的总成本下降，同时加强了调节能力，提高了物流经济效益。

（2）通过集中库存使企业降低库存量　实现了高水平的配送之后，尤其是采取定时定量配送方式之后，生产企业可以依靠配送中心的准时配送使自己实现"零库存"或者只需保持少量安全库存，减少大量储备资金的占用，改善企业的财务状况。

（3）简化手续，方便客户　采取配送方式，客户只需向一个企业订购就可以订购到以往需向许多企业订购才能订到的货物，接货手续也可以简化。因而大大减轻了客户工作量，节省了开支，方便了客户，从而提高了物流服务质量。

（4）提高了供应保证程度　由生产企业自己保存库存、维持生产，由于受到库存费用的制约，供应保证程度很难提高。而采取配送方式，配送中心比任何单独企业的储备量都大得多，对每个企业而言，由于缺货而影响生产的风险相对缩小。

5.2.4　汽车行业第三方物流成本管理和绩效评价

1. 物流成本管理

（1）物流成本管理的意义　物流成本是指伴随着物流活动而发生的各种费用，是物流活动中所消耗的物化劳动和活劳动的货币表现。物流成本由三部分组成：①伴随着物资的物理性流通活动所发生的费用以及从事这些活动所必需的设备、设施费用。②完成物流信息的传送和处理活动所发生的费用以及从事这些活动所必需的设备和设施费用。③对上述活动进行综合管理所发生的费用。

物流成本管理的意义在于，通过对物流成本的有效把握，利用物流要素之间的效益背反关系，科学、合理地组织物流活动，加强对物流活动过程中费用支出的有效控制，降低物流活动中的物化劳动和活劳动的消耗，从而达到降低物流总成本，提高企业和社会经济效益的目的。也就是说，物流成本管理不应该理解为管理物流成本，而是通过对物流成本的把握和分析，去发现物流系统中需要重点改进的环节，以达到改善物流系统的目的。

（**2**）**物流成本管理的环节** 物流成本管理的具体环节包括：物流成本预测、物流成本决策、物流成本计划、物流成本控制、物流成本核算和物流成本分析等。分述如下：

1）物流成本预测。物流成本预测是指人们对未来一种未知或不确定的成本支出，在事先掌握历史资料，调查研究和分析当前的各种技术经济条件、外界环境变化及可能采取的管理措施的基础上，做出合乎客观发展规律的定量描述和逻辑推断。

合理的物流成本预测可以提高物流成本管理的科学性和预见性。在物流成本管理的许多环节都存在预测问题，如仓储环节的库存预测、流通环节的加工预测、运输环节的货运周转量预测等。

2）物流成本决策。物流成本决策是指为了实现目标物流成本，在现有已知资料的基础上，借助一定的手段、方法，进行计算和判断，比较各种可行方案在不同状态下的物流成本，或将预测的物流成本与收益进行比较，从中选定一个技术上先进、经济上合理的最佳方案的过程。

3）物流成本计划。物流成本计划是指以货币指标反映企业在计划期内物流活动情况的一项综合性计划。物流成本计划是根据成本决策所确定的方案、计划期的生产任务、降低成本的要求及有关资料，通过一定的程序，运用一定的方法，以货币形式规定计划期物流各环节耗费水平和成本水平，并提出保证成本计划顺利实现所采取的措施。物流成本计划是物流企业计划体系中的重要组成部分，是物流成本决策的具体化和数量化，同时也是企业组织物流成本管理工作的主要依据。

4）物流成本控制。物流成本控制是指在物流企业的整个经营过程中，按照既定的目标，对构成物流成本的一切耗费进行严格的计算、调节和监督，及时揭示偏差，并采取有效措施纠正不利的差异，发展有利的差异，使物流实际成本被控制在预定的目标范围之内。

5）物流成本核算。物流成本核算是指根据企业确定的成本计算对象，采用相应的成本计算方法，按规定的成本项目，将一系列的物流费用进行归集与分配，从而计算出各物流活动成本计算对象的实际总成本和单位成本。通过物流成本核算，可以如实地反映出生产经营过程中的实际耗费；同时，它也是对各种活动费用实际支出的控制过程。

6）物流成本分析。物流成本分析是在成本核算及其他有关资料的基础上，运用一定的方法，揭示物流成本水平的变动，从而进一步查明影响物流成本变动的各种因素。通过物流成本分析，可以提出积极的建议，采取有效的措施，合理地控制物流成本。

2. 绩效评价

（**1**）**绩效管理的概念** 绩效是一个多义的概念，我们一般认为绩效指的是那些经过评价的工作行为、方式及其结果，也就是说绩效包括了工作行为、工作方式以及工作行为的结果。

管理学认为绩效可以分为员工绩效和组织绩效。员工绩效是指员工在某一时期内的工作结果、工作行为和工作态度的综合。而组织绩效是指组织在某一时期内完成组织任务的数量、质量、效率及盈利状况。

绩效管理是指管理者为了达到组织目标，对各级部门和员工进行绩效计划制订、绩效辅导实施、绩效考核评价、绩效反馈面谈、绩效目标提升的持续循环过程，其目的是持续提升组织和个人的绩效。绩效管理的目的在于通过激发员工的工作热情和提高员工的能力、素质，以达到改善公司绩效的效果。

绩效管理是一个持续的交流过程，该过程是完成由员工和直接主管人员之间达成的协议的过程，并且在协议中对有关的问题提出明确的要求和规定。关键的一点是，绩效管理工作是上级与员工一起完成的，并且最好以共同合作的方式来完成，因为它对员工本身、上级和企业都有益。绩效管理是一种协同提高绩效的工具，它意味着上级同员工之间持续的双向沟通，包括听和说两个方面，它是两个人共同学习和提高的过程。因此，整个绩效考核的一个核心工作就是沟通。绩效管理绝对不是经理对员工的单向工作，也绝对不是迫使员工更好或更努力工作的棍棒，更不是只在绩效低下时才使用的惩罚工具。

（2）物流部门绩效考核　作为一个利润中心，物流部门的绩效考核主要是在一定的物流费用率下的物流部门收益和效用考核。

1）物流部门收益考核。虽然物流部门是一个利润中心，其利润贡献的最直接衡量指标是销售收益，但为了达到降低物流成本的目的，物流销售收益必须是一定物流费用率下的收益，超过规定的物流费用率，部门收益就需要打折扣（这里的物流费用只包括运输费用、仓储费用、管理费用，不包括存货成本等）。如果实际物流费用率比标准费用率高出很多，超过权重上限，则部门收益为零，甚至为负数。物流费用率标准的制定采用目标期望法，为达到费用率逐年降低的目标，可依据去年的物流费用率确定本年度的物流费用率，同时排除能源、劳动力的价格上涨或下跌，以及交通法规等变化带来的影响。

2）物流部门效用考核：

① 合理的比率应该小于1。如果比率大于1，则物流费用具有降低的空间。

物流部与产品事业部的物流费用结算，初期按照实际发生的物流费用计量，在形成一个稳定的产品运距预算后，物流费用应按照产品运距计量。

② 该指标可作为物流部门考核指标，也可作为物流部门考核配送中心的指标。

5.3　案例分析

沃尔沃公司发展第三方物流案例分析

1. 危机与机遇并存

在湖南举行的一次研讨会上，全国政协外事委员会副主任周可仁披露了中国仓储协会的相关调查数据。据不完全统计，我国生产企业原材料物流50%靠供货方提供，另有31%靠自己，第三方物流所占份额仅为19%；成品销售物流方面，27%的执行主体是生产者，18%来自第三方物流，55%是部分自理和与外包相结合；商贸企业物流执行主体27%为第三方物流，11%由供货方承担，62%由公司自理，而在这个领域，美国却有57%的物流量是通过第三方物流来完成的。在社会化配送发展得最好的日本，第三方物流占整个物流市场的比例更是高达80%。

尽管物流企业近年来如"雨后春笋"般出现，但第三方物流的市场份额却始终难以有效突破。目前，仍然有近90%的货物运输是通过"原生态"的货运场站进行的，甚至有些原本采用第三方物流外包模式的制造企业，也开始琢磨绕过物流服务商，直接指挥货运场站的货车进行运输。

这既是一个危险的信号，更多的又是一种无奈。低水平的利润率使物流企业难以实现服务、信息化和利润的同步增长，而政策层面的一些不合理规定，以及高速公路的高收费比例，也成为制约第三方物流发展的重要政策因素。比如，我国关于半挂车的收费规定，就导致代表先进快速运输方式的甩挂运输难以得到推广。世界上70%的收费高速公路在中国，也反应出我国物流企业的负担沉重。

沃尔沃货车公司（以下简称沃尔沃公司）作为全球著名的货车提供商，对于各行各业的运输状况非常关注。该公司对中国和欧洲国家的物流行业所进行的对比研究表明，我国公路运输市场跟20年前的欧洲类似，快速发展的高速公路必然带动运输市场从公路零担网路逐步升级为快递网络，我国的物流企业正面临着一次重新洗牌的考验。随着一些重量级的物流企业不断涌现，物流行业分散混乱的局面将有望得到改善。与此同时，外部环境也在清晰地表达整合前兆：社会的平均流转规模下降，物流企业控制范围由小到大地发展，无关税障碍区域不断出现……随之而来的将是物流行业内部大规模企业并购重组的市场整合，优质的具有区域优势或细分市场优势的中小企业也有望获得丰厚的"价值重估"机会。

全球著名咨询公司IDC关于外资物流企业将进一步加快并购的观点与此不谋而合，而行业内的多起并购案例也印证着这个趋势。2007年3月，TNT完成对华宇的收购后，重资购入260辆货车投入新公司使用，彰显出其对我国物流市场的信心；2007年6月，美国最大的公路运输商RYC World Inc收购上海佳宇物流有限公司，亦显示出我国物流市场对跨国企业的吸引和价值。

2. 创新的哲学

探究第三方物流困境的根源，第三方物流在承揽物流业务时，普遍存在一些认识上的"误区"。比如，他们认为上游企业在实施物流外包时，只是出于对非核心业务的简单外包，因此在接受外包业务后，只想从事职能业务的管理，而不愿意更深入地了解客户的业务并提供创新性服务方案，由此必然导致物流企业被视为可有可无的"苦力"。问题的实质是，高效供应链已成为决定企业成功的关键因素，企业实行物流外包的原动力在于希望借助第三方物流提供其自身所缺少或无法及时掌握的物流运营能力，以此提升企业的供应链管理水平。对于第三方物流来说，只有充分认识到这一点，努力做好这一层面的工作，才能成为客户不可或缺的战略伙伴，才有机会分享客户的价值成长成果。

货车是赚钱的工具，只有赚钱的用户才会认为沃尔沃是好的供应商，因此沃尔沃十分乐意帮助客户提高盈利能力。我们非常不愿意看到客户使用沃尔沃货车后，成本反而提高了。哪怕出现一个这样的客户就是一个负面教材，那对品牌造成的负面影响是难以估量的。任何企业都不敢拿自己的品牌来开玩笑，更何况沃尔沃这样一家全球著名的企业。

　　作为货车公司却来探讨和研究物流行业的问题，并为客户提供全面物流解决方案的，在中国只有沃尔沃一家。事实上，沃尔沃公司之所以跨越一步做出"分外之事"，去研究用户的客户，一方面是希望能够引导我国物流行业的消费观念；另一方面也是为了增加自身的话语权；同时，他们也希望能够凭借自己丰富的全球经验，从国外引进一些新的运输方式和先进的物流理念，更好地为中国客户服务。

　　对于物流企业如何重塑市场这个问题，朱波根据沃尔沃公司对我国运输状况的了解和经验，提出了应对建议，"抱怨环境糟糕是毫无意义的，只有转变观念，创新服务内容，才是物流企业摆脱困境的唯一出路"。他表示，物流企业"开源"的方法有很多种，目的却只有一个，那就是通过创新去提升客户的经济效益。

　　云南玉溪的个体户老朱分多次多批购买了接近 100 台沃尔沃货车，并按照沃尔沃公司免费提供的物流解决方案，创新其传统的运输模式。新的高效运输方式单次运力达到 2000 件香烟，比以往整整翻了三番。通过核算，他发现创新后的运输成本几乎与铁路运输价格差不多，而且在时效性上比铁路平均快 15 天左右。由此可见，老朱尽管为进口的沃尔沃货车支付了比国产货车更高的成本，但通过运输方式的变革，不仅轻易赢得了客户，同时也分摊了货车的价差，还在很大程度上提升了企业的经济效益。

　　事实上，沃尔沃提供的全面物流解决方案能否为客户提升价值，是通过量化的数据进行对比分析而得出结论的，它并非能帮助所有物流公司摆脱困境。"实现企业效益的提升有一个前提条件，就是要保证一定的货运量，比如满载率达到 70%~90%。"朱波介绍说，"当然，这个临界比例也不是一刀切的，还要取决于具体的运输方式和运输货种。总体来说，长途运输的满载率越高，对时效性要求越高，采用沃尔沃货车的经济性也就越好。"

　　3. 从红海驶向蓝海

　　制造业高效化导致物流外包，高效供应链服务包括企业内部和外包两种供应链关系，这种高效供应链应该具有集成不同操作系统、不同业务流程、不同运营平台以及不同管理方法的能力。能否给客户带来增值，即帮助企业增加利润、提高质量、降低经营成本、提高固定资产利用率和优化全球性成本等，是衡量供应链管理是否有效的标准。

　　从协同客户形成高效供应链的目标出发，创新物流服务内容和运输方式是物流企业提高核心竞争力的有效手段。"沃尔沃通过和客户一起变革原有的物流模式，引导他们从关注成本到关注操作，进而关注协调管理和信息服务，真正实现从'节流'到'开源'的转变，同时使物流企业从简单的操作竞争上升到管理和创新能力的竞争。"朱波透露说，"在这方面，沃尔沃通过丰富的全球经验和自身努力，已经帮助国内烟草、危险品、冷藏等诸多行业的用户进行运输方式的变革，使他们成功地从红海驶向蓝海。"

　　在创新模式的选择上，物流企业现阶段还不能盲目追求第三方物流的运作模式，而要根据自身的特点，为制造企业提供阶段性的有特色的物流服务。为此，沃尔沃提供了两个可供选择的发展模式：①以大货主为依托，按照货主的物流服务要求和标准来改造现有储运资产的结构和功能，并重整业务流程，为特定的制造企业或特定的货种提供专业化的物流服务。②作为更大的物流系统的子系统，提供阶段性的延伸服务。

　　有人说，做事越多，越容易犯错误，这话一点都不假，沃尔沃为用户免费提供物流解决方案，每隔一段时间分析客户的用车情况，对车辆的使用情况、车况诊断和预防提出改进建议，表面上出问题的次数显得更多了。但是，作为一家有责任感的公司，即使明白多做事可能会导致差错，也绝不能因为害怕错误而不做事情。如果害怕出错，那只有什么都不主动去做才是最好的了。好在大部分客户对沃尔沃的方案表示欢迎，毕竟客户知道什么是能为他们带来价值的，也很清楚事前预防比事后维修的成本低很多。

　　在我国物流业急需提升专业化、社会化服务水平的今天，对物流企业而言，一方面，要对行业发展趋势有一定的客观认识，做好应对困难时期的心理和物资准备；另一方面，要加强对客户需求的研究，寻求和引导客户物流革新的机会，加强自身的话语权和竞争力。总之，第三方物流肩负着我国物流业发展高度的重要使命，应该与供应链上、下游专业的合作伙伴一起，洋为中用，取长补短，视物流业创新与发展为己任。

第 6 章

汽车物流信息技术

从构成要素上看，物流信息技术作为现代信息技术的重要组成部分，本质上都属于信息技术范畴，只是因为信息技术应用于物流领域而使其在表现形式和具体内容上存在一些特性，但是它的基本要素仍然同现代信息技术一样。

信息化是物流系统的基础，没有网络技术支持的信息化，任何先进的技术设备都不可能很好地应用于物流领域。汽车物流企业要充分利用信息网络技术来发展现代物流，改变过去有点无网、有网无流的状况，为用户提供快速、准确、高效的服务。供应链管理中的物流信息技术有很多种，其中核心的技术主要包括条码技术、射频识别技术、GPS技术、产品数据交换技术、电子商务和物联网技术等。

6.1 汽车物流条码技术

在供应链管理中，企业为了能迅速、准确地识别商品，自动读取有关商品的信息，广泛地应用条码技术。条码技术提供了一种对物流中的物品进行标识和描述的方法，借助自动识别技术、POS（收款机）系统、EDI（电子数据交换）等现代技术手段，企业可以随时了解有关产品在供应链上的位置，并及时做出反应。

6.1.1 条码技术概述

1. 条码的概念

条码是由一组宽度不等、黑白相间的条、空及其对应的字符组成的表示一定信息的符号。其中"条"是指对光线反射率较低的部分，"空"是指对光线反射率较高的部分。这些条和空组成的数据表达一定的信息，并能够用特定的设备识别读取，转换成与计算机兼容的二进制和十进制信息。条码可以标出物品的生产国、制造厂家、商品名称、生产日期、图书分类号、邮件起止地点、类别、日期等许多信息，因而在商品流通、图书管理、邮政管理、银行系统等许多领域都得到广泛的应用。

条码技术是研究如何把计算机所需要的数据用一种条码来表示以及如何将条码表示的数据转变为计算机可以自动采集的数据。因此，条码技术主要包括：条码编码原理及规则标准、条码译码技术、光电技术、印刷技术、扫描技术、通信技术、计算机技术等。

2. 条码的基本组成

条码的扫描需要扫描器，扫描器利用自身光源照射条码，再利用光电转换器接受反射的光线，将反射光线的明暗转换成数字信号。因此，一个完整的条码的组成次序为：静区（前）、起始符、数据符、中间分隔符（主要用于 EAN 码）、校验符、终止符、静

区（后），条码基本构成如图6-1所示。

（1）静区 静区是指条码左右两端外侧与空的反射率相同的限定区域，没有任何印刷符或条码信息，通常是白的，它能使阅读器进入准备阅读的状态。

（2）起始符 起始符是指条码符号的第一位字符，标志着一个条码符号的开始。阅读器确认此字符存在后开始处理并进行扫描脉冲。

图6-1 条码基本构成

（3）数据符 数据符位于起始符后面的字符，它由许多"条空"组成，其结构异于起始符，包含条码所表达的特定信息，可允许进行双向扫描。

（4）校验符 校验符代表一种算术运算的结果。阅读器在对条码进行解码时，对读入的各字符进行规定的运算，如运算结果与校验字符相同，则判定此次阅读有效，否则不予读入。

（5）终止符 终止符是条码符号的最后一位字符，标志着一个条码符号的结束，阅读器确认此符号后停止处理。

3. 条码的特点

条码是迄今为止最经济、实用的一种自动识别技术。条码技术具有以下几个方面的特点：

（1）输入速度快 与键盘输入相比，条码输入的速度是键盘输入的5倍，并且能实现"即时数据输入"。

（2）可靠性高 键盘输入数据的出错率为三百分之一，利用光学字符识别技术的出错率为万分之一，而采用条码技术的误码率低于百万分之一。

（3）采集信息量大 利用传统的一维条形码一次可采集几十位字符的信息，二维条码更可以携带数千个字符的信息，并有一定的自动纠错能力。

（4）灵活实用 条码标识既可以作为一种识别手段单独使用，也可以和有关识别设备组成一个系统实现自动化识别，还可以和其他控制设备连接起来实现自动化管理。

另外，条码标签易于制作，对设备和材料没有特殊要求，识别设备操作容易，不需要特殊培训，且设备也相对便宜。

（5）成本非常低 在零售业领域，因为条码是印刷在商品包装上的，所以其成本几乎为"零"。

4. 条码的分类

按照条码的维数可以将条形码分为一维条码、二维条码和彩色条码。

（1）一维条码 一维条码只是在一个方向（一般是水平方向）表达信息，而在垂直方向则不表达任何信息，其一定的高度通常是为了便于阅读器对准。一维条码的数据容量较小，一般在30个字符左右，而且只包含字母和数字。

常见的一维条码主要有EAN码、UPC码、39码、Code93码、库德巴码、Code128码、ITF25条码、Industria1125条码、Matrix25条码、ITF14条码等。

　　（2）二维条码　二维条码是指在水平和垂直方向的二维空间存储信息的条码。与一维条码一样，二维条码也有许多不同的编码方法，或称码制。就这些码制的编码原理而言，通常可分为以下三种类型：现行堆叠式二维码、矩阵式二维码、邮政码。

　　常见的二维条码主要有 PDF417 码、Code49 码、Code 16K 码、DataMatrix 码、Maxi-Code 码等。

　　（3）彩色条码　彩色条码主要是结合带有视像镜头的手提电话或个人计算机，利用镜头来阅读杂志、报纸、电视机或计算机屏幕上的颜色条码，并传送到数据中心。数据中心会因应收到的颜色条码来提供网站资料或消费优惠。

　　彩色条码比二维条码优胜的地方是它可以利用较低的分辨率来提供较高的数据容量。一方面，彩色条码无需要较高分辨率的镜头来解读，使沟通从单向变成双向；另一方面，较低的分辨率也令使用条码的公司在条码上加上变化，以提高读者参与的兴趣。

　　新的彩色条码将使用 4 或 8 种颜色，在较少的空间中储存更多的资讯，并以小三角形取代传统的长方形。由 CNET 新闻中公布的图片看来，类似彩色版的二维 QR 条码。彩色条码未来计划用于电影、电玩等商业性媒介上，以提供更高的安全性，甚至电影宣传片联结或其他附加功能。

6.1.2　条码技术在汽车物流中的应用

　　条码技术贯穿物流供应链。在汽车物流供应链管理方面，从产品的生产到成品下线、销售、运输、仓储、零售等各个环节，都可以应用条码技术进行方便、快捷的管理。条码技术像一条纽带，把汽车及相关产品生命期中各阶段发生的信息连接在一起，使企业在激烈的市场竞争中处于有利地位，可以保证数据的准确性，条码设备使用既方便又快捷。

　　以某汽车生产企业为例，详细介绍应用数据采集器如何与用户的计算机系统相结合，解决汽车零部件入库、生产线管理（人员、生产管理）、成品下线入库、销售、出入配送售后服务等各个环节的流程。

1. 生产线人员管理

　　每个班次开始时，工作小组的每个成员都要用数据采集器扫描他们员工卡上的条码，把考勤数据和小组成员记录到数据采集器中，然后输入到计算机系统。小组的所有成员都能根据当天的产量和质量得到相应的报酬或处罚。

　　开始加工操作时，先扫描当天的工作单或等待加工工件上的条码，表明某项任务的开始，加工结束后再扫描一次。安装在工作区的条码数据终端接受这些数据，自动加上小组号和时间信息，每天工作结束后，将每个员工的信息上传到 PC。系统计算出该小组劳动者生产率，激励生产小组的成员提高劳动生产率。

2. 流水线生产管理

　　采用条码技术首先将订单号、零件种类、产品数量编号形成条码，在产品零件和装配的生产线上打印并粘贴条码，这样就可以很方便地获取产品订单在某条生产线上的生产工艺及所需的物料和零件。产品在生产线上完成后，由生产线质检员检验合格后扫入产品条码、生产线条码号，并按工序顺序扫入工人的条码（可一次确定后不变）。对于不合格的产品送去维修，由维修部确定故障的原因（工序位置），整个过程无须手工记录。

3. 汽车零部件仓储配送管理

已经安装了计算机通信网络的工厂，只需在数据录入增加一些条码数据采集器设备，就可以用很小的投资收到可观的效益。

（1）进货 为了开出一张收据或进行任何其他操作，材料管理员首先要从它的条码数据采集器上选择材料收据处理菜单，然后开始扫描物料包装上通常由供应商预先贴好的条码标签，标签上的条码表示了接受这一产品所需的全部信息，材料管理员通过扫描就能快速准确地录入这些信息。如果卖主没有以条码的形式提供这些信息，材料管理员就要通过采集器的键盘将这些信息录入系统中，系统立即生成用于这些材料的条码标签。

进货时需要进行产品品种、数量的核对。这部分工作是由数据采集器来完成的。首先将所有本次进货的单据、产品信息下载到数据采集器中，数据采集器将提示材料管理员输入购货单的号码。材料管理员首先扫描这个号码的条码，然后采集应用系统判断这个条码是否正确。如果不正确，系统会立刻向材料管理员做出警示；如果正确，材料管理员再扫描所购材料单上的项目号，系统随后检查购货单上的项目是否与实际进货相符。接着，材料管理员扫描物料规格信息（体积、重量和成分等）和标识号的条码。这个标识号唯一标识购入的这件物料，作为一个最基本的信息用于以后所有的库存管理环节中。如果有不符合订货要求的物料，系统将给出相应的信息。

（2）入库管理 搬运工（或叉车司机）只需扫描准备入库的物料箱上的标签和准备存放此箱的货架的标签即可。入库可分为间接和直接两种：间接入库是指物料堆放在任意空位上后，通过条码扫描记录其地址；直接入库是指将某一类货物存放在指定货架，通过入库管理，为每一个物料箱及其存放位置建立一个记录。

（3）提料管理 提料是指从库房中根据配料任务提取原料和半成品的操作，过程如下：工作人员在便携式条码数据终端上扫描输入配料任务条码号，数据采集器的屏幕上显示哪些原料和半成品被分配给这一任务，他们存放在何地。提料员领取物料，并扫描其标识号进行验证。系统记录被提出的物料，并建立一份跟踪档案。

（4）销售出库管理 提货作业要与同一顾客的各项货物订单相结合。先将订单分解为按货箱为单位，或者按批、货盘的满载能力为单位，还可按特殊情况或容器来确定装货作业。

操作工从其条码数据终端上选择了销售出库模式后，扫描提货箱上的条码，系统便确认货箱里是否含有提货单上的物品，其数量和品种是否正确等。在应发货数量与实际提货数量之间出现不一致时，系统均要求操作工输入一个原代码，对此差异做出解释，再由系统重置代码和报告。这样系统就具有一定的柔性，可让操作工在货盘不满的时候能装载更多的货物，或在货盘已满时撤走一些货物。最后，系统把出库存的货物从数据库中清除，并表明此订单已完成提货。

4. 市场供应链管理

这是目前使用最多、见效最快的应用，在销售管理中有两种方式可以采集数据：一种是每一环节从产品上撕下一个条码，拿回来后进行扫描；另一种是采用数据采集器即时扫描、记录。不论用哪一种方式，都可记录哪种产品在什么时间，哪一个部门，卖给了什么人，是谁卖的，完成哪一份订单或合同。有了这些基本信息就可以很方便地进行分析和统计了。

5. 售后服务管理

售后服务直接影响到一个企业的形象和销售，而且要很大的投入，既要有好的服务，又节约投资，这是一个矛盾，要想很好地解决，就必须要有正确及时的数据作为保证。

如果用户来投诉或保修，厂家如何才能知道产品是否在保修期内，是否是正式销售产品，是否是本厂原装，以前是否进行过维修等。在产品上、包装上、保修单和产品档案上贴上的条码，这些条码可以相同也可以不相同，但要有对应关系。

当用户保修或发生质量投诉时，可以立即查到这一产品是何时在何地由何人售出的，价格是多少，销售合同内容，保修记录，发生问题的零部件是哪一个供应商提供的，什么人安装的等，可以追究供应商或分销商的责任。通过售后服务体系，我们不但可以统计出产品的质量规律，还可提高服务质量，降低服务投资。

条码技术、产品与用户的应用系统相结合，在用户的各个应用环节都发挥着巨大的作用。随着信息科技的快速发展及企业信息化的日益普及，在物流仓储、物流配送、制造业、邮政、图书管理等行业的人工单品管理已经不能适用于市场经济的发展，从而出现对移动数据采集信息系统的迫切需求，便携式数据采集器便成为不可或缺的必备关键设备。条码扫描型掌上计算机作为一种快速、高效的移动信息采集、处理终端，在汽车物流中有极为广泛的应用前景。

6.2 汽车物流射频识别技术

20 世纪 90 年代初的金卡工程推动了国内 IC 卡的应用和发展，也为射频识别（Radio Frequency Identification，RFID）技术产业打下了应用和技术的基础。进入 21 世纪，RFID 产业受到了政府部门和研究机构的重视，各项支持政策逐步出台，支持力度逐步加大；同时政府也大力推动了 RFID 在行业的应用。目前 RFID，尤其是 13.56MHz 的 RFID 已在国内得到广泛的应用，主要集中于身份证件和门禁控制、供应链和库存跟踪、汽车收费、防盗、生产控制和资产管理。

6.2.1 射频识别技术概述

1. 射频识别技术的概念

RFID 技术的基本原理是电磁理论，是利用无线电波对带有信息数据的媒体进行读写，并自动输入计算机的一种当今最先进的非接触式的自动识别技术。RFID 系统不局限于视线，识别距离比光学系统更远，可达几十厘米至几米。而且射频识别卡具有读写能力，可携带大量数据，难以伪造。

2. 射频识别系统的组成

最基本的 RFID 系统由标签、阅读器和天线三部分组成。

（1）标签 RFID 系统的标签，也称为射频标签、电子标签或 RFID 标签。电子标签保存有约定格式的电子数据，是 RFID 系统的真正的数据载体。

（2）阅读器 读取或者写入标签信息的设备称为阅读器，可设为手持式或者固定式。阅读器可以无接触地读取并识别电子标签中所保存的电子数据，从而达到识别物体的目的。

（3）天线 天线为标签和阅读器提供射频信号空间传递的设备。其工作原理是当标签进入磁场后，通过天线接收阅读器发出的信号，凭借感应电流的能量将储存在芯片中的信息发送出去，或是以自身能量源主动发送某频率的信号，阅读器接收标签信息并译码后，送至中央信息系统进行相关处理。其工作原理如图 6-2 所示。

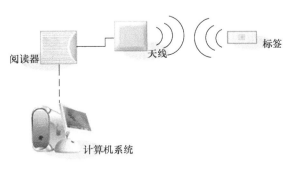

图 6-2 RFID 系统工作原理

3. 射频识别技术的特点

（1）快速扫描 RFID 辨识器可同时辨识读取数个 RFID 标签。

（2）体积小型化、形状多样化 RFID 在读取上并不受尺寸大小与形状限制，不需要为了读取精确度而配合纸张的固定尺寸和印刷品质。此外，RFID 标签更可往小型化与多样形态发展，以应用于不同产品。

（3）抗污染能力和耐久性 传统条码的载体是纸张，因此容易受到污染，但 RFID 对水、油和化学药品等物质具有很强的抵抗性。此外，由于条码是附于塑料袋或外包装纸箱上，所以特别容易受到折损；RFID 卷标是将数据存在芯片中，因此可以免受污损。

（4）可重复使用 现今的条码印刷上去之后就无法更改，RFID 标签则可以重复地新增、修改、删除 RFID 卷标内储存的数据，方便信息的更新。

（5）穿透性和无屏障阅读 在被覆盖的情况下，RFID 能够穿透纸张、木材和塑料等非金属或非透明的材质，并能够进行穿透性通信。而条码扫描机必须在近距离而且没有物体阻挡的情况下，才可以辨读条码。

（6）数据的记忆容量大 一维条码的容量是 50B/s，二维条形码最大的容量可储存 2~3000 字符，RFID 最大的容量则有数兆字节。随着记忆载体的发展，数据容量也有不断扩大的趋势。未来物品所需携带的资料量会越来越大，对卷标所能扩充容量的需求也将相应增加。

（7）安全性 由于 RFID 承载的是电子式信息，其数据内容可经由密码保护，使其内容不易被伪造及变造。

RFID 因其所具备的远距离读取、高储存量等特性而备受瞩目。它不仅可以帮助一个企业大幅提高货物、信息管理的效率，还可以让销售企业和制造企业互联，从而更加准确地接收反馈信息，控制需求信息，优化整个供应链。

4. 射频识别系统的分类

根据 RFID 系统完成功能的不同，可将其分为四种类型：EAS 系统、便携式数据采集系统、网络系统和定位系统。

（1）**EAS 系统**　电子商品防盗系统 EAS（Electronic Article Surveillance）是一种设置在需要控制物品出入的门口的 RFID 技术。这种技术应用的典型场合是商场、便利店等，当未被授权的人从这些地点非法取走物品时，EAS 系统就会发出警告。

（2）**便携式数据采集系统**　便携式数据采集系统使用带有手持式数据采集器采集 RFID 标签上的数据，并适用于不宜安装固定式 RFID 系统的应用环境。

（3）**网络系统**　固定式 RFID 阅读器分散布置在给定的区域，并且阅读器直接与物流管理信息系统相连。信号发射机是移动的，一般安装或配置在移动的物体和人上面，经常用于贵重物品的监控跟踪。如医院利用网络系统监控贵重设备或稀缺资源的位置与使用情况。

（4）**定位系统**　定位系统用于自动化加工系统中的定位以及对车辆、轮船等定位支持中。

6.2.2　射频识别技术在汽车物流中的应用

第三方汽车物流要运用 RFID 来提高物流效率，必须将 RFID 技术与信息技术、计算机网络和其他技术集成。只有将 RFID 与信息技术、计算机网络技术和 GIS（地理信息系统）、GPS（全球定位系统）技术集成，构建现代化物流信息管理系统，才能实现对物流全过程的信息管理，提高物流管理的自动化和信息化水平。

RFID 在汽车物流中的应用主要涉及零部件的采购、生产装配、整车销售以及售后备件储运与维修等。根据供应链上下游的顺序，将汽车物流系统划分为入厂物流、生产物流、销售物流和售后物流。图 6-3 描述了基于 RFID 的汽车物流管理系统。

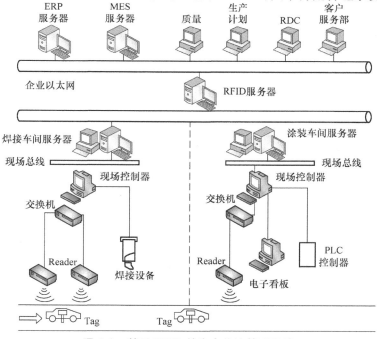

图 6-3　基于 RFID 的汽车物流管理系统

6.3 汽车物流 GPS 技术

全球定位系统（Global Positioning System，GPS）由美国国防部研制，于 1994 年全面建成，具有在海、陆、空进行全方位实时三维导航与定位能力的新一代导航与定位系统。将 GPS 技术引入到汽车物流行业中，对车辆及货物实时定位跟踪，将运输行业中的货主、第三方物流及司机等各环节的信息有效、充分地结合起来，达到充分调度货物及车辆的目的，保障货物及司机的安全，提高运输效率，具有十分重要的现实意义。

6.3.1 GPS 技术概述

GPS 技术是利用通信卫星、地面控制部分和信号接收机对对象进行动态定位的系统。GPS 能对静态、动态对象进行动态空间信息的获取，可以快速、精度均匀、不受天气和时间的限制反馈空间信息。

1. GPS 技术的基本组成

GPS 系统有三大组成部分，即 GPS 卫星组成的空间部分、由若干地面站组成的地面监控部分和以接收机为主体的用户部分。GPS 定位原理如图 6-4 所示。

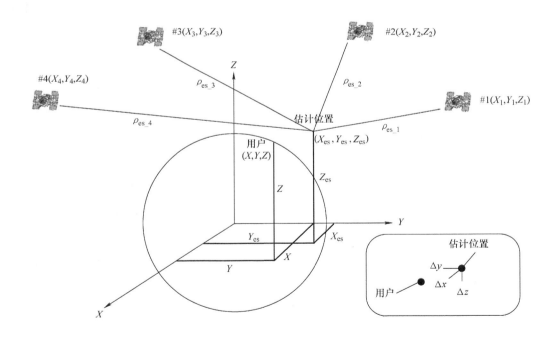

图 6-4　GPS 定位原理

（1）空间部分　GPS 的空间部分是由 24 颗卫星组成（21 颗工作卫星、3 颗备用卫星），它位于距地表 20200 km 的上空，均匀分布在 6 个轨道面上（每个轨面 4 颗），轨道倾角为 55°，各轨道平面的升交点的赤经相差 60°，一个轨道平面上的卫星比西边相邻轨道平面上的相应卫星升交角距超前 30°。这种布局使得在全球任何地方、任何时间都可观测到 4 颗以上的卫星，并能在卫星中预存导航信息，GPS 的卫星因为大气摩擦等问题，随着时间的推移导航精度会逐渐降低。

（2）地面监控部分　地面监控部分由监测站、主控制站、地面天线所组成，主控站位于美国科罗拉多州的谢里佛尔空军基地，是整个地面监控系统的管理中心和技术中心。另外还有一个位于马里兰州盖茨堡的备用主控站，在发生紧急情况时启用。注入站的作用是把主控站计算得到的卫星星历、导航电文等信息注入相应的卫星。

（3）用户部分　用户部分，即 GPS 信号接收机。其主要功能是能够捕获到按一定卫星截止角所选择的待测卫星，并跟踪这些卫星的运行。当接收机捕获到跟踪的卫星信号后，就可测量出接收天线至卫星的伪距离和距离的变化率，解调出卫星轨道参数等数据。根据这些数据，接收机中的微处理计算机就可按定位解算方法进行定位计算，计算出用户所在地理位置的经纬度、高度、速度、时间等信息。

2. GPS 技术的特点

GPS 与其他导航系统相比，具有精度高、全天候、高效率、多功能、应用广泛等特点。

（1）定位精度高、观测时间短　GPS 卫星发送的导航定位信号能够进行厘米级至毫米级精度的静态定位，米级至亚米级精度的动态定位，亚米级至厘米级精度的速度测量和毫微秒级精度的时间测量。

（2）全天候作业　全球、全天候连续导航定位为用户提供位置、速度和时间。GPS 观测可在 1 天 24 小时内的任何时间进行，不受任何恶劣天气以及气候的影响。

（3）抗干扰性能好、保密性强　GPS 采用扩频技术和伪码技术，用户不发射信号，因而 GPS 卫星所发送的信号具有良好的抗干扰性和保密性，在战时不易受到电子战的影响。

（4）操作简便　随着 GPS 接收机的不断改进，自动化程度越来越高；接收机的体积越来越小，体重越来越轻，极大地减轻了测量工作者的工作紧张程度和劳动强度，使野外工作变得轻松愉快。

（5）功能多、应用广　随着人们对 GPS 认识的加深，GPS 不仅在测量、导航、测速、测时等方面得到更广泛的应用，而且其应用领域也不断扩大，尤其是在物流领域中的应用。例如，汽车自定位、跟踪调度、内河及远洋船对最佳航程和安全航线的实时调度等。

6.3.2　GPS 技术在汽车物流中的应用

目前，我国 GPS 技术主要应用于运输企业车队的监控与调度管理，装车规模约 10 万辆，用于车辆导航的产品市场规模还不大。GPS 车辆监控调度系统的主要功能包括车辆跟踪、提供出行线路规划和导航、行驶监控、安全防护、车辆管理等。

1. 车辆跟踪

利用 GPS 和电子地图可以实时显示出车辆的实际位置，并任意放大、缩小、还原、换图；可以随目标移动，使目标始终保持在屏幕上；还可实现多窗口、多车辆、多屏幕同时跟踪。利用该功能可对重要车辆和货物进行跟踪运输。

2. 提供出行线路规划和导航

提供出行线路规划是汽车导航系统的一项重要的辅助功能，它包括自动线路规划和人工线路设计。自动线路规划是由驾驶者确定起点和目的地，由计算机软件按要求自动设计最佳行驶线路，包括最快的线路、最简单的线路、通过高速公路路段次数最少的线路的计算。人工线路设计是由驾驶者根据自己的目的地设计起点、终点和途经点等，自动建立线路库。线路规划完毕后，显示器能够在电子地图上显示设计线路，并同时显示汽车运行路径和运行方法。例如，货运公司的车队建设了 GPS 车载定位系统。调度员除了指导每一辆车行驶在什么位置外，还可根据货运情况，用话音或短信方式对司机进行调度，让他们就近运送货物，减少车辆的空载率，提高运货率，降低货运成本。

3. 行驶监控

出于安全和监管的需要，车辆在行驶途中也要受到严密的监控和指挥。如客运车辆、危险品运输车辆和海关监管车辆都会在行驶速度、行驶线路、行驶区域、停靠地点、停靠时间等方面有较为严格的要求。监控中心只需向车辆下发相关参数，GPS 监控系统便会实时跟踪车辆行驶状态，如车辆行驶过快，或脱离指定线路、区域行驶时，系统便会自动向监控中心和驾驶者报警，及时发现并纠正驾驶者的违规行为，实现运输过程的安全、有序。

4. 安全防护

当车辆遇到抢劫、交通事故、急需修理等紧急情况时，驾驶者可通过求助按钮向监控中心发出求救信号，并上传车辆定位信息。监控中心可根据实际情况，对车辆采取监听、锁闭车门、遥控熄火等操作，确保人员、车辆、货物的安全。

不同运输企业的特点不同，GPS 技术的应用重点也有所不同。物流运输企业强调利用 GPS 技术，实现车辆、货物在运输过程的可靠控制，实现精准化运输，通过系统实现运能、运力的合理调配，降低运营成本，提高客户满意度等；客运企业和从事危险品运输的企业则更为关注运输过程中的安全控制，对车辆行驶速度、行驶区域、行驶线路、停靠地点、停靠时间均有较高的要求；出租车企业在应用 GPS 技术时，将重点主要放在方便市民电话招车和对驾驶者的安全保护上。以上三类企业的出发点不同，应用需求也不同，可结合相关的电子设备，将 GPS 应用不断地深化、拓展。

6.4 汽车物流电子商务

21 世纪是电子商务的时代，在知识经济条件下，电子商务呈现出强劲的发展势头。电子商务将改变人们发展产业、开展企业经营管理和从事商务的观念与方式，使整个产业经历彻底的变革。为了能够跟上和超过发达国家的步伐，面向新世纪，我国将大力推进电子商务、教育等新兴服务业的发展，加快高新技术在金融、咨询、贸易、文化等服务知识领域的应用与推广，强化服务业的竞争能力。

6.4.1　电子商务概述

1. 电子商务的概念

电子商务（Electronic Commerce，EC）主要是通过计算机网络技术的应用，以电子交易为手段来完成金融、物资、服务和信息价值的交换，快速而有效地从事各种商务活动的最新方法。电子商务的应用有利于满足企业、供应商和消费者对提高产品和服务质量、加快服务速度、降低费用等方面的需求，帮助企业借助网络查询和检索信息来支持决策。随着电子商务的高速发展，它已不仅仅包括其购物的主要内涵，还包括了物流配送等附带服务。电子商务包括电子货币交换、供应链管理、电子交易市场、网络营销、在线事务处理、电子数据交换（EDI）、存货管理和自动数据收集。在此过程中，利用到的信息技术包括互联网、外联网、电子邮件、数据库、电子目录和移动电话。

电子商务可以划分为广义的电子商务和狭义的电子商务。狭义上讲，电子商务是指通过使用互联网等电子工具（如电报、电话、广播、电视、传真、计算机、计算机网络、移动通信等）在全球范围内进行的商务贸易活动，是以计算机网络为基础所进行的各种商务活动，包括商品和服务的提供者、广告商、消费者、中介商等有关各方行为的总和。人们一般理解的电子商务是指狭义上的电子商务。

广义上讲，电子商务一词源自 Electronic Business，就是通过电子手段进行的商业事务活动。通过使用互联网等电子工具，使公司内部、供应商、客户和合作伙伴之间利用电子业务共享信息，实现企业间业务流程的电子化，配合企业内部的电子化生产管理系统，提高企业的生产、库存、流通和资金等各个环节的效率。

联合国国际贸易程序简化工作组对电子商务的定义是：采用电子形式开展商务活动，它包括在供应商、客户、政府及其他参与方之间通过任何电子工具，如 EDI、Web 技术、电子邮件等共享非结构化商务信息，并管理和完成在商务活动、管理活动和消费活动中的各种交易。电子商务是利用计算机技术、网络技术和远程通信技术，实现电子化、数字化、网络化、商务化的整个商务过程，是以商务活动为主体，以计算机网络为基础，以电子化方式为手段，在法律许可范围内所进行的商务活动交易过程。同时也是运用数字信息技术，对企业的各项活动进行持续优化的过程。

2. 电子商务的优势

（1）降低交易成本　首先，通过网络营销活动，企业可以提高营销效率和降低促销费用，据统计，在因特网上做广告可以提高销售数量 10 倍，同时它的成本是传统广告的 1/10；其次，电子商务可以降低采购成本，因为借助因特网，企业可以在全球市场寻求最优惠价格的供应商，而且通过与供应商信息共享，可以减少中间环节并降低由于信息不准确带来的损失。有资料表明，使用 EDI 通常可以为企业节省 5%～10% 的采购成本。

（2）减少库存　企业为应付变化莫测的市场需求，不得不保持一定量的库存产品，而且由于企业对原料市场把握不准，因此也常常维持一定的原材料库存。产生库存的根本原因是信息不畅，以信息技术为基础的电子商务则可以改变企业决策中信息不确切和不及时的问题。通过因特网可以将市场需求信息传递给企业决策生产，同时企业的生产信息可以马上传递给供应商适时补充供给，从而实现零库存管理。

（3）缩短生产周期 一个产品的生产是许多企业相互协作的成果，因此产品的设计开发和生产销售可能涉及许多关联的企业，通过电子商务可以改变过去的信息封闭的分阶段合作方式为信息共享的协同工作，从而最大限度地减少因信息封闭而出现等待的时间。

（4）降低管理成本，提高劳动生产率 将传统的商务流程电子化、数字化，一方面以电子流代替了实物流，可以大量减少人力、物力，降低了成本；另一方面突破了时间和空间的限制，使得交易活动可以在任何时间、任何地点进行，大大提高了效率。

（5）扩展市场范围，增加商机 传统的交易会受到时间和空间的限制，而基于因特网的电子商务则是 24 小时全球运作，网上的业务可以开展到传统营销人员销售和广告促销所达不到的市场范围。

（6）与客户良好沟通 成本低、速度快、不通过中间商直接双向沟通。通过互联网，商家之间可以直接交流、谈判、签合同，消费者也可以把自己的反馈建议反映到企业或商家的网站中，而企业或者商家则要根据消费者的反馈及时调查产品种类及服务品质，做到良性互动。

（7）为客户提供个性化服务 客户可以定制商品，商城可以自动根据老客户以前购买的情况为其推荐商品，自动按其累计购买量打折，还可以为客户提供个人信息服务，如提供网上秘书服务等。

3. 电子商务的类型

（1）按照商业活动的运行方式分类 电子商务可以分为完全电子商务和非完全电子商务。

（2）按照商务活动的内容分类 电子商务可以分为间接电子商务（有形货物的电子订货和付款，仍然需要利用传统渠道，如邮政服务和商业快递车送货）和直接电子商务（无形货物和服务，如某些计算机软件、娱乐产品的联机订购、付款和交付，或者是全球规模的信息服务）。

（3）按照开展电子交易的范围分类 电子商务可以分为区域化电子商务、远程国内电子商务、全球电子商务。

（4）按照使用网络的类型分类 电子商务可以分为基于专门增值网络（EDI）的电子商务、基于内联网的电子商务、基于内联网的电子商务。

（5）按照交易对象分类 电子商务可以分为企业对企业的电子商务（B2B），企业对消费者的电子商务（B2C），企业对政府的电子商务（B2G），消费者对消费者的电子商务（C2C），企业、消费者、代理商三者相互转化的电子商务（ABC），以消费者为中心的全新商业模式（C2B2S），以供需方为目标的新型电子商务（P2D）。

1）B2B（B2B = Business to Business）。商家（泛指企业）对商家的电子商务，即企业与企业之间通过互联网进行产品、服务及信息的交换。通俗的说法是指进行电子商务交易的供需双方都是商家（或企业、公司），他们使用互联网的技术或各种商务网络平台（如拓商网）完成商务交易过程。这些过程包括发布供求信息，订货及确认订货，支付过程，票据的签发、传送和接收，确定配送方案并监控配送过程等。

2）B2C（B2C = Business to Customer）。B2C 模式是中国最早产生的电子商务模式，如今的 B2C 电子商务网站非常多。比较大型的有天猫商城、京东商城、一号店、亚马逊、苏宁易购、国美在线等。

3）B2G（B2G = Business to Government）。B2G 模式是企业与政府管理部门之间的电子商务，如政府采购、海关报税的平台、国税局和地税局报税的平台等。

4）C2C（C2C = Consumer to Consumer）。C2C 同 B2B、B2C 一样，都是电子商务的几种模式之一。不同的是，C2C 是用户对用户的模式，C2C 商务平台就是通过为买卖双方提供一个在线交易平台，使卖方可以主动提供商品上网拍卖，而买方可以自行选择商品进行竞价。

5）ABC（ABC = Agent Business Consumer）。ABC 模式是新型电子商务模式的一种，被誉为继阿里巴巴 B2B 模式、京东商城 B2C 模式以及淘宝 C2C 模式之后电子商务界的第四大模式。它是由代理商、商家和消费者共同搭建的集生产、经营、消费为一体的电子商务平台。三者之间可以相互转化，大家相互服务，相互支持，你中有我，我中有你，真正形成一个利益共同体。

6）C2B2S（C2B2S = Customer to Business – Share）。C2B2S 模式是 C2B 模式的进一步延伸，该模式很好地解决了 C2B 模式中客户发布需求产品初期无法聚集庞大的客户群体而致使与邀约的商家交易失败的问题。

7）P2D（P2D = Provide to Demand）。P2D 是一种全新的、涵盖范围更广泛的电子商务模式，强调的是供应方和需求方的多重身份，即在特定的电子商务平台中，每个参与个体的供应面和需求面都能得到充分满足，充分体现了特定环境下的供给端报酬递增和需求端报酬递增。

4. 电子商务的功能

电子商务可提供网上交易和管理等全过程的服务。因此，它具有广告宣传、咨询洽谈、网上订购、网上支付、电子账户、服务传递、意见征询、交易管理等各项功能。

（1）广告宣传　企业可以利用自己的或 ISP 的 Web 服务器在因特网上发布各类商业信息，利用网上主页和电子邮件在全球范围内进行广告宣传，而用户则可以利用浏览器及网上的检索工具，迅速找到所需的商品信息。与传统广告相比，网上广告成本低、范围广，给客户的信息量更为丰富。

（2）售前售后服务　利用网上的信息交换，可提供产品和服务的细节、产品使用技术指南，了解市场和商品信息，征询和回答客户的意见，使生产者和消费者之间的距离缩短。用户能及时反馈意见，参与产品的设计及生产过程；企业则能提高售后服务的水平，使企业获得改进产品、发现市场的机会。

（3）咨询洽谈　企业和客户都借助非实时的电子邮件、新闻组和实时的讨论组来咨询、洽谈交易事务，如有进一步的需求，还可利用网上的白板会议（White Board Conference）来交流即时的图形信息。网上的咨询和洽谈能超越人们面对面交流的限制，提供多种方便的异地交谈形式。

（4）网上订购　企业和客户都可以利用电子邮件交互传送实现网上订购。网上订购通常都是在产品介绍的页面上提供十分友好的订购信息的收悉。订购信息也可采用加密的方式使客户和商家的商业信息安全交流。

（5）**网上支付** 客户和商家之间可使用电子资金转账、信用卡账户、电子支票、电子现金等，通过银行实施支付。在网上直接实施电子支付手段，可以省去交易中人员的开销和节约时间。网上支付必须要实行信息传输的安全、可靠的控制，以防止欺诈、窃取、修改、假冒和否认等非法行为。

（6）**销售服务** 对于已付款的客户，可以将其订购的货物尽快地传递到他们手中。货物可能在本地，也可能在外地，电子邮件能在网络中进行物流的调配。而最适合在网上直接传递的货物是信息产品，如软件、电子读物、信息服务等，能直接从电子仓库中将货品发到用户端。

（7）**运输服务** 为了搞好运输服务，必须实现包括海、陆、空运企业之间的联网。运输服务包括货物及运输工具、班次的调配，商品的发送管理及运输跟踪，以及可以电子化传送产品的实际发送。

（8）**组建虚拟企业** 经济活动的数字化和网络化，一方面使空间变小，世界变成了"地球村"；另一方面又使空间扩大，除了物理空间外，又多了一个"媒体空间"（Cyber Space）。因此经济活动不仅可以在物理世界中运行，而且可以在媒体空间中进行，可以组建一个物理上不存在的企业，如虚拟商店、虚拟市场、虚拟银行、虚拟公司、虚拟研究中心、远距离的多主体虚拟合作等。集中一切独立的中小公司的权限，提供比任何单独公司多得多的产品和服务。虚拟实现系统能提供动态反馈，并使数据和实时信息形象化而又有直观性。

（9）**共享作用** 公司和贸易伙伴可以共同开发、拥有和运营共享的商业方法、软件、数据、信息等。

（10）**交易管理** 整个网上交易的管理将涉及人、财、物、信息等多个方面，企业和企业、企业和消费者、企业和政府及企业内部等各方面的协调与管理。所以，交易管理涉及商务活动全过程的管理。电子商务的发展，将会提供一个良好的交易管理的网络环境及多种多样的应用服务系统。这样，能保障电子商务获得更广泛的应用。

（11）**促进产业发展** 电子商务组合了范围广泛的信息需求，涉及网络基础设施的建设、个人通信系统、电子数据交换、电子邮件、电子资金转账（EFT）、传真、多媒体技术、信用卡业务、安全认证、保密措施、文件交换及目录服务等。所有这些都将促进产业的不断发展，并不断出现新的研究成果。

电子商务借助于因特网，在企业之间架起了桥梁，实现了物流、信息流和资金流的协调统一。电子商务流程如图6-5所示。

6.4.2 电子商务在汽车物流中的应用

由于商务活动时刻运作在我们每个人的生存空间，因此，电子商务的范围波及人们的生活、工作、学习及消费等广泛领域，其服务和管理也涉及政府、工商、金融及用户等诸多方面。因特网逐渐渗透到每个人的生活中，而各种业务在网络上的相继展开也在不断推动电子商务这一新兴领域的昌盛和繁荣。电子商务可应用于小到家庭理财、个人

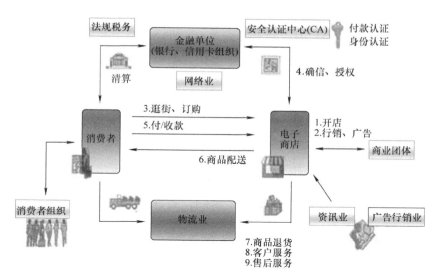

图6-5 电子商务流程

购物，大至企业经营、国际贸易等诸方面。汽车物流电子商务主要用于企业间的商务活动、汽车企业内的业务运作以及客户个人网上服务等。

1. 汽车物流的电子商务系统平台

现代物流理论认为，物流服务的核心目标是在物流全过程中以最小的综合成本来满足客户的需要，他具有及时化、信息化、自动化、智能化、服务化和网络化等特征。与传统的储运业务相比，其最主要的优势体现在依靠对物流信息的科学运筹和管理，通过系列化的现金的物流技术支撑，实现及时化、信息化和智能化的物流服务等操作与管理，集储存保管、集散转运、流通加工、商品配送、信息传递、代购代销、连带服务等多功能于一体。因此，包括汽车企业在内的企业物流信息流程及信息系统，必须与现代物流服务工作的要求相匹配。

信息网络技术是构成现代汽车物流体系的重要组成部分，也是提高汽车物流服务效率的重要技术保障。汽车制造业应积极利用 EDI、互联网等技术，通过网络平台和信息技术平台将企业经营网点连接起来，这样既可以优化企业内部资源配置，又可以通过网络与用户、制造商及相关单位连接，实现资源共享、信息共用，对汽车物流各环节进行实时跟踪、有效控制与全程管理，以此来降低整个供应链上的库存浪费，以信息来取代库存。同时也要加快汽车物流与电子商务的融合，一方面汽车物流要成为电子商务的一部分；另一方面汽车物流要积极运用电子商务，实现电子化的汽车物流。

通过物流信息平台，汽车生产销售企业可以实现动态实时和可视化功能：实时掌握商品和零部件销售动态图，实时掌握各中转库仓储品种、数量、质量和存储时间；查询特定线路运力资源动态情况，选择合适的运输工具和运载工具；与第三方物流企业监控系统连接，对运载工具运营状况实时监控；选择联盟企业的冗余存储能力，自动与仓储商仓储管理系统接口，实现对库存商品车的动态管理。

同时，第三方物流企业也可以通过平台实现以下的功能：查询汽车物流的流向及流量，设计运输线路，调配运输资源；实现与汽车生产销售企业物流数据共享；实时掌握汽车物流的流向和流量，实现联盟第三方物流企业之间的数据共享；实现共同物流，提高运输车辆运载运输效率；向生产销售企业提供冗余资源情况和运力、仓储信息。

2. 汽车物流的电子商务功能

为了适应汽车企业对物流信息管理的要求，实现对于物流业务的及时化、信息化、智能化和网络化操作，汽车企业的电子商务系统必须对以下几个功能进行有效的整合与集成，建立相互之间的信息交换与传递，建立相应的功能连接，从而实现对于整个汽车物流业务的统筹运作与科学管理。

(1) 需求管理功能　该功能也可以称为客户管理系统，其职能是收集客户需求信息，记录客户购买信息，进行销售分析和预测，管理销售价格，处理应收货款及退款等。

(2) 采购管理功能　该功能主要是面对供货商的作业，包括向汽车零配件厂商发出订购信息和进货验收、供货商管理、采购决策、存货控制、采购价格管理、应付账款管理等信息管理系统，同时将之与客户管理系统建立功能连接。

(3) 仓库管理功能　该功能包括存储系统管理、进出货管理、机械设备管理、分拣管理、流通加工、出货配送管理、货物追踪管理、运输调度计划和分配计划等内容信息的处理，同时与客户管理系统建立连接。

(4) 财务管理和结算功能　该功能主要是对销售管理系统和采购管理系统所传送过来的应付、应收账款进行会计操作，同时对配送中心的整个业务与资金进行平衡、测算和分析，编制各业务经营财务报表，并与银行金融系统联网进行转账。

(5) 配送管理功能　该功能以最大限度地降低物流成本、提高运作效率为目标，按照实施配送原则，在多购买商并存的环境中，通过在购买商和各自的供应商之间建立实时的双向连接，构筑一条畅通、高效的物流通道，为购买、供应双方提供高度集中的、功能完善的和不同模式的配送信息服务。

(6) 物流分析功能　该功能通过应用地理信息系统（GIS）技术与运筹决策技术模型，完善物流分析技术。它通过建立各类物流运筹分析模型来实现物流业务的互动分析，提供物流一体化运作的合理解决方案，以实现与网络伙伴的协同资源规划。

(7) 决策支持功能　该功能除了获取内部各系统的业务信息外，关键在于取得外部信息，并结合内部信息编制各种分析报告和建议报告，提供分析图表与仿真结果报告，供配送中心的高层管理人员作为决策的依据。

6.5　汽车物流物联网技术

"物联网技术"的核心和基础仍然是"互联网技术"，是在互联网技术基础上的延伸和扩展的一种网络技术；其用户端延伸和扩展到了任何物品和物品之间，进行信息交换和通信。因此，物联网技术的定义是：利用局部网络或互联网等通信技术把传感器、控制器、机器、人员和物等通过新的方式联在一起，形成人与物、物与物相联，实现信息化、远程管理控制和智能化的网络。物联网是互联网的延伸，它包括互联网及互联网上所有的资源，兼容互联网所有的应用，但物联网中所有的元素（所有的设备、资源及通信等）都是个性化和私有化的。

6.5.1　物联网技术概述

1. 物联网的概念

物联网是指通过各种信息传感设备，如传感器、射频识别（RFID）技术、全球定位系统、红外线感应器、激光扫描器、气体感应器等各种装置与技术，实时采集任何需要监控、连接、互动的物体或过程，采集其声、光、热、电、力学、化学、生物、位置等各种需要的信息，与互联网结合形成的一个巨大网络。其目的是实现物与物、物与人，所有的物品与网络连接，以方便识别、管理和控制。物联网的本质概括起来主要体现在三个方面：①互联网特征，即对需要联网的"物"一定要能够实现互联互通的互联网络。②识别与通信特征，即纳入物联网的"物"一定要具备自动识别与物物通信的功能。③智能化特征，即网络系统应具有自动化、自我反馈与智能控制的特点。物联网一方面可以提高经济效益，大大节约成本；另一方面可以为全球经济的复苏提供技术动力。

2. 物联网的特征

与传统意义上的互联网相比，物联网具有其鲜明的特征，具体内容如下所示：

首先，它是各种感知技术的广泛应用。物联网上部署了海量的多种类型传感器，每个传感器都是一个信息源，不同类别的传感器所捕获的信息内容和信息格式不同。传感器获得的数据具有实时性，按一定的频率周期性地采集环境信息，不断更新数据。

其次，它是一种建立在互联网上的泛在网络。物联网技术的重要基础和核心仍旧是互联网，通过各种有线和无线网络与互联网融合，将物体的信息实时准确地传递出去。在物联网上的传感器定时采集的信息需要通过网络传输，由于其数量极其庞大，形成了海量信息，在传输过程中，为了保障数据的正确性和及时性，必须适应各种异构网络和协议。

最后，物联网不仅仅提供了传感器的连接，其本身也具有智能处理的能力，能够对物体实施智能控制。物联网将传感器和智能处理相结合，利用云计算、模式识别等各种智能技术，扩充其应用领域。从传感器获得的海量信息中分析、加工和处理出有意义的数据，以适应不同用户的不同需求，发现新的应用领域和应用模式。

3. 物联网的组成

从技术架构上来看，物联网可分为三层：感知层、网络层和应用层。感知层由各种传感器以及传感器网关构成，包括二氧化碳浓度传感器、温度传感器、湿度传感器、二维码标签、RFID 标签和读写器、摄像头、GPS 等感知终端。感知层的作用相当于人的眼耳鼻喉和皮肤等神经末梢，它是物联网识别物体、采集信息的来源，其主要功能是识别物体，采集信息。

网络层由各种私有网络、互联网、有线和无线通信网、网络管理系统和云计算平台等组成，相当于人的神经中枢和大脑，负责传递和处理感知层获取的信息。

应用层是物联网和用户（包括人、组织和其他系统）的接口，它与行业需求结合，实现物联网的智能应用。

物联网的行业特性主要体现在其应用领域内，绿色农业、工业监控、公共安全、城市管理、远程医疗、智能家居、智能交通和环境监测等各个行业均有物联网应用的尝试，某些行业已经积累一些成功的案例。

4. 物联网的关键技术

在物联网应用中有四大关键技术：

1）传感器技术，这也是计算机应用中的关键技术。大家都知道，绝大部分计算机处理的都是数字信号。自从有计算机以后，就需要传感器把模拟信号转换成数字信号，计算机才能处理。

2）RFID 标签也是一种传感器技术，RFID 技术是融合了无线射频技术和嵌入式技术为一体的综合技术，RFID 在自动识别、物品物流管理中有着广阔的应用前景。

3）M2M 表达的十多种不同类型的通信技术有机地结合在一起，让机器、设备、应用处理过程与后台信息系统共享信息，并与操作者共享信息。它提供了设备实时地在系统之间、远程设备之间或个人之间建立无线连接、传输数据的手段。M2M 是现阶段物联网最普遍的应用形式，M 可以是人（Man），也可以是机器（Machine），M2M 泛指人、机器之间所建立连接的所有技术和手段。该技术的目标就是使所有机器设备都具备联网和通信能力，其核心理念就是网络一切（Network Everything）。

4）两化融合是信息化和工业化的高层次深度结合，是指以信息化带动工业化、以工业化促进信息化，走新型工业化道路；两化融合的核心就是以信息化为支撑，追求可持续发展模式。

物联网四大关键技术如图6-6所示。

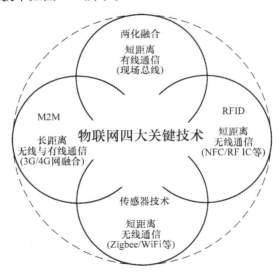

图 6-6　物联网四大关键技术

物联网是新一代信息网络技术的高度集成和综合运用，是新一轮产业革命的重要方向和推动力量，对于培育新的经济增长点、推动产业结构转型升级、提升社会管理和公共服务的效率和水平具有重要意义。发展物联网必须遵循产业发展规律，正确处理好市场与政府、全局与局部、创新与合作、发展与安全的关系。要按照"需求牵引、重点跨越、支撑发展、引领未来"的原则，着力突破核心芯片、智能传感器等一批核心关键技术；着力在工业、农业、节能环保、商贸流通、能源交通、社会事业、城市管理、安全生产等领域，开展物联网应用示范和规模化应用；着力统筹推动物联网整个产业链协调发展，形成上下游联动、共同促进的良好格局；着力加强物联网安全保障技术、产品研发和法律法规制度建设，提升信息安全保障能力；着力建立健全多层次多类型的人才培养体系，加强物联网人才队伍建设。

6.5.2   物联网与车联网、云技术的关系

1. 车联网的概念

中国物联网校企联盟的定义为：车联网（Internet of Vehicles）是由车辆位置、速度和线路等信息构成的巨大交互网络。通过 GPS、RFID、传感器、摄像头图像处理等装置，车辆可以完成自身环境和状态信息的采集；通过互联网技术，所有的车辆可以将自身的各种信息传输汇聚到中央处理器；通过计算机技术，这些大量车辆的信息可以被分析和处理，从而计算出不同车辆的最佳线路、及时汇报路况和安排信号灯周期。

2. 车联网的整体架构

当今车联网系统发展主要通过传感器技术、无线传输技术、海量数据处理技术、数据整合技术相辅相成配合实现。车联网系统的未来将会面临系统功能集成化、数据海量化、高传输速率。车载终端集成车辆仪表台电子设备，如硬盘播放、收音机等，数据采集也会面临多路视频输出要求，因此对于影像数据的传输，需要广泛运用当今流行的4G 网络。车联网的流程如图 6-7 所示。

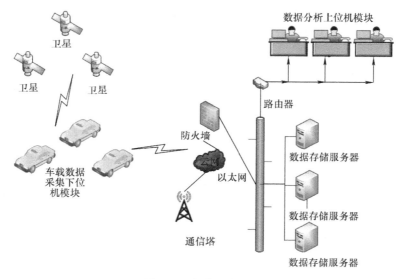

图 6-7   车联网的流程

从网络上看，车联网系统具有"端管云"三层体系。

第一层（端系统）：端系统是汽车的智能传感器，负责采集与获取车辆的智能信息，感知行车状态与环境；是具有车内通信、车间通信、车网通信的泛在通信终端；同时还是让汽车具备车联网寻址和网络可信标识等能力的设备。

第二层（管系统）：解决车与车（V2V）、车与路（V2R）、车与网（V2I）、车与人（V2H）等的互联互通，实现车辆自组网及多种异构网络之间的通信与漫游，在功能和性能上保障实时性、可服务性与网络泛在性，同时它是公网与专网的统一体。

第三层（云系统）：车联网是一个云架构的车辆运行信息平台，它的生态链包含了智能交通系统、物流、客货运、危特车辆、汽修汽配、汽车租赁、企事业车辆管理、汽车制造商、4S店、车管、保险、紧急救援、移动互联网等，是多源海量信息的汇聚，因此需要虚拟化、安全认证、实时交互、海量存储等云计算功能，其应用系统也是围绕车辆的数据汇聚、计算、调度、监控、管理与应用的复合体系。

3. 车联网的关键技术

（1）传感器技术及传感信息整合 "车联网是车、路、人之间的网络"，车联网中的传感技术应用主要是车的传感器网络和路的传感器网络。车的传感器网络又可分为车内传感器网络和车外传感器网络。车内传感器网络是向人提供关于车的状况信息的网络，比如远程诊断就需要这些状况信息，以供分析判断车的状况；车外传感器网络就是用来感应车外环境状况的传感器网络，比如防碰撞的传感器信息、感应外部环境的摄像头，这些信息可以用来增强安全和作为辅助驾驶的信息。路的传感器网络是指那些铺设在路上和路边的传感器构成的网络，这些传感器用于感知和传递路的状况信息，如车流量、车速、路口拥堵情况等，这些信息都能让车载系统获得关于道路及交通环境的信息。无论是车内、车外，还是道路的传感器网络，都起到了车内状况和环境感知的作用，其为"车联网"获得了独特（有别于互联网）的"内容"。整合这些"内容"，即整合传感网络信息，将是"车联网"重要的技术发展内容，也是极具特色的技术发展内容。

（2）开放的、智能的车载终端系统平台 就像互联网络中的计算机、移动互联网中的手机一样，车载终端是车主获取车联网最终价值的媒介，可以说是网络中最为重要的节点。当前，很多车载导航娱乐终端并不适合"车联网"的发展，其核心原因是采用了非开放的、非智能的终端系统平台。基于不开放、不够智能的终端系统平台是很难被打造成网络生态系统的。因此从目前来看，Google Android 也将会成为车联网终端系统的主流操作系统，它天然为网络应运而生，并专为触摸操作设计，体验良好、可个性化定制，应用丰富且应用数量快速增长，已经形成了成熟的网络生态系统。反观当前车载终端用得最多的 WinCE，可以说是一个封闭的系统，很难有进一步发展的空间，因为应用少得可怜，任何修改都由于微软的封闭策略而无能为力，辛辛苦苦开发了上网功能，却无特色的应用及服务可用。

（3）语音识别技术 无论多好的触摸体验，对驾驶者来说，行车过程中触摸操作终端系统都是不安全的，因此语音识别技术显得尤为重要，它将是车联网发展的助推器。成熟的语音技术能够让驾驶者通过嘴巴来对车联网发号施令索取服务，能够用耳朵来接收车联网提供的服务，这是最适合车这个快速移动空间的应用体验的。成熟的语音识别技术依赖于强大的语料库及运算能力，因此车载语音技术的发展本身就得依赖于网络，因为车载终端的存储能力和运算能力都无法解决好非固定命令的语音识别技术，而必须要采用基于服务端技术的"云识别"技术。

（4）服务端计算与服务整合技术　除上述语音识别要用到云计算技术外，很多应用和服务的提供都要采用服务端计算、云计算的技术。类似互联网及移动互联网，其终端能力有限，需通过服务端计算才能整合更多信息和资源向终端提供及时的服务，服务端计算开始进入了云计算时代。云计算将在车联网中用于分析计算路况、大规模车辆路径规划、智能交通调度计、基于庞大案例的车辆诊断计算等。车联网和互联网、移动互联网一样都得采用服务整合来实现服务创新、提供增值服务。通过服务整合，可以使车载终端获得更合适更有价值的服务，如呼叫中心服务与车险业务整合、远程诊断与现场服务预约整合、位置服务与商家服务整合等。

（5）通信及其应用技术　车联网主要依赖两方面的通信技术：短距离无线通信技术和远距离移动通信技术。前者主要是 RFID 传感设备及类似 Wi－Fi 等 2.4G 通信技术，后者主要是 GPRS、3G、LTE、4G 等移动通信技术。这两类通信技术不是车联网的独有技术，因此技术发展重点主要是这些通信技术的应用，包括高速公路及停车场自动交费、无线设备互联等短距离无线通信应用及 VOIP 应用（车友在线、车队领航等）、监控调度数据包传输、视频监控等移动通信技术应用。

4. 物联网与车联网的关系

车联网的本质就是物联网与移动互联网的融合。车联网是通过整合车、路、人各种信息与服务，最终都是为人（车内的人及关注车内的人）提供服务的，因此，能够获取车联网提供的信息和服务的不仅仅是车载终端，而是所有能够访问互联网及移动互联网的终端，因此计算机、手机也是车联网的终端。现有互联网及移动互联网的技术及应用基本上都能够在车联网中使用，包括媒体娱乐、电子商务、Web2.0 应用、信息服务等。当然，车联网与现有通用互联网、移动互联网相比，其有两个关键特性：①与车和路相关；②把位置信息作为关键元素。因此需要围绕这两个关键特性发展车联网的特色互联网应用，这将给车联网带来更加广泛的用户及服务提供者。

总而言之，车联网实际上是物联网的分支，物联网的完善，能够为车联网的发展奠定一个良好的基础。

5. 云计算的概念

云计算（Cloud Computing）是基于互联网的相关服务的增加、使用和交付模式，通常涉及通过互联网来提供动态易扩展且经常是虚拟化的资源。

美国国家标准与技术研究院（NIST）定义：云计算是一种按使用量付费的模式，这种模式提供可用的、便捷的、按需的网络访问，进入可配置的计算资源共享池（资源包括网络、服务器、存储、应用软件、服务），这些资源能够被快速提供，只需投入很少的管理工作，或与服务供应商进行很少的交互。XenSystem，以及在国外已经非常成熟的 Intel 和 IBM，各种"云计算"的应用服务范围正日渐扩大，影响力也不可估量。

6. 云计算的特点

云计算的基本原理是使计算分布在大量的分布式计算机上，而非本地计算机或远程服务器中，企业数据中心的运行将与互联网更相似。这使得企业能够将资源切换到需要的应用上，根据需求访问计算机和存储系统。被普遍接受的云计算的特点如下：

（1）超大规模　"云"具有相当的规模，Google 云计算已经拥有 100 多万台服务器，Amazon、IBM、微软、Yahoo 等的"云"均拥有几十万台服务器。企业私有云一般拥有数百上千台服务器。"云"能赋予用户前所未有的计算能力。

（2）虚拟化　云计算支持用户在任意位置使用各种终端获取应用服务。所请求的资源来自"云"，而不是固定的有形的实体。应用在"云"中某处运行，但实际上用户无须了解，也不用担心应用运行的具体位置，只需要一台笔记本或者一个手机，就可以通过网络服务来实现我们需要的一切，甚至包括超级计算这样的任务。

（3）高可靠性　"云"使用了数据多副本容错、计算节点同构可互换等措施来保障服务的高可靠性，使用云计算比使用本地计算机可靠。

（4）通用性　云计算不针对特定的应用，在"云"的支撑下可以构造出千变万化的应用，同一个"云"可以同时支撑不同的应用运行。

（5）高可扩展性　"云"的规模可以动态伸缩，满足应用和用户规模增长的需要。

（6）按需服务　"云"是一个庞大的资源池，你按需购买；云可以像自来水、电、煤气那样计费。

（7）极其廉价　由于"云"的特殊容错措施可以采用极其廉价的节点来构成云，"云"的自动化集中式管理使大量企业无须负担日益高昂的数据中心管理成本，"云"的通用性使资源的利用率较之传统系统大幅提升，因此用户可以充分享受"云"的低成本优势，经常只要花费几百美元、几天时间就能完成以前需要数万美元、数月时间才能完成的任务。

（8）潜在的危险性　云计算服务除了提供计算服务外，还提供了存储服务。但是云计算服务当前在私人机构（企业）手中，而他们仅仅能够提供商业信用。对于政府机构、商业机构（特别像银行这样持有敏感数据的商业机构）在选择云计算服务时应保持足够的警惕，一旦商业用户大规模使用私人机构提供的云计算服务时，无论其技术优势有多强，都不可避免地让这些私人机构以"数据（信息）"的重要性挟制整个社会。对于信息社会而言，"信息"是至关重要的。云计算中的数据对于数据所有者以外的其他云计算用户是保密的，但是对于提供云计算的商业机构而言确实毫无秘密可言。所有这些潜在的危险是商业机构和政府机构选择云计算服务，特别是国外机构提供的云计算服务时不得不考虑的一个重要的前提。

7. 物联网与云计算的关系

物联网具有广阔的发展空间，但是目前还处于起步阶段。发展物联网一方面需要高屋建瓴的积极促进，另一方面也需要保持一颗平和的心态，不可急功近利。而且将物联网与企业的效益联系在一起，将会很好地促进物联网的发展，同时云计算也为物联网的发展提供了支持平台。云计算是基于物联网的 IT 资源的使用和交互的模式。物联网和云计算是一个优势互补的关系，物联网所面临的问题正好是云计算的特点，例如成本较低、规模较大，同时还有海量的实时数据，而大数据的交互处理等问题都是云计算需要解决的问题。

6.5.3 物联网在汽车物流中的应用

物联网在汽车物流中的应用可以实现物流管理的自动化、智能化、高效化和低成本化，可以说物联网的引入将彻底颠覆和改造传统的汽车物流产业和物流管理模式。这不仅为企业带来物流效率的提升、物流成本的控制，也从整体上提高了企业及相关领域的信息化水平，从而带动整个汽车行业乃至国民经济发展的目的。

6.6 案例分析

物联网宝马汽车制造装配线 RFID 行业应用
——宝马装配线 RFID 系统精确定位车辆和工具

宝马德国雷根斯堡集装厂采用一套 RFID 实时定位系统（RTLS），将被集装的汽车与正确的工具相匹配，根据车辆的识别码（VIN）自动实现每辆车的定制化装配。由 Ubisense 提供的这套 RTLS 系统使汽车制造商可以在长达 2km 长的装配线将每辆车的位置精确定位到 15cm 内。

因为宝马的顾客通常订购定制化汽车，每辆车根据顾客的要求进行集装，如特定的内饰、座椅和引擎。对于高端汽车制造商而言，如何向集装线工人下达定制化装配命令极具挑战。举个例子，在装配线的每一站，在下辆车进入卡位之前，工人大约只有 50s 的时间来执行指示，所以工人必须快速了解每辆车应该安装哪个部件及安装采用的适当转矩，如采用扳钳拧紧螺栓。

公司曾测试、试用过多个方案，包括无源和有源 RFID、红外线和条码，希望能帮助工人快速判断到达集装线的汽车需要实施哪些装配。宝马还采用一套条码方案，将条码贴在汽车的后端行李箱上。工人手持条码扫描仪读取每个标签的序列号，接着发送到制造商的后端系统，与汽车的 SIN 和装配要求相对应。

工人接着放下扫描仪，拿起装配工具，工具可接收软件（德国软件公司 IBS 提供）的指示，自动编程以正确执行所需任务。然而，这套系统过于耗时，易发生错误。在一些情况下，条形码标签无法读取，只是因为工人忘记或没有足够的时间读取。

质量控制部门经常会识别出成品车错误的安装部件，然后将车送回集装线进行修改。Ubisense 的总裁 Richard Green 称，每年类似错误的成本高达 140 万美元。

2012 年年底，Green 称，宝马开始与 Ubisense 讨论一套超宽频 RFID 方案，他们寻找高稳定性的方案。Ubisense 和 IBS 合作开发宝马工具协助系统（TAS），后者结合 IBS 的工具控制软件和 Ubisense RLS 技术帮助汽车制造商在 120 个工具站定位和识别生产资产、车辆和扭矩工具，那里每天平均装配 1000 辆车。

这套系统于 2009 年 1 月全面应用，使宝马可以识别每一辆经过集装线的车辆，不仅能识别车辆位置，还能识别所有装配该车的工具。极其精确性对位置定位是非常必要的，由于装配线上每辆车与前面车的距离只有1ft（1ft = 0. 3048m），而经常会有五种工具同时被用于同一辆车。

当一辆宝马汽车空壳进入集装线，工人将其 VIN 码编入一个 Ubisense UWB RFTD 标签，并将含磁性后背的标签贴在汽车车盖上。标签接着通过一系列短信号（6 – 8GHZ）发送汽车 VIN 号。约有 380 台 Ubisense 阅读器安装在装配线上方，获取读取距离内任何 UWB 有源标签发送的 VIN 码，这帮助系统识别每个标签的位置。另外，系统还测量每个信号的角度，以便更好地识别每个标签的位置。每一件工具也粘贴一张类似的 UWB 标签，根据工具是否移动，以不同速率发送其 ID 码。如果工具静止不动，标签将停止发送 ID 码，直到有人将它取起。

当阅读器捕获标签的 ID 码，通过电缆连接将发送到后端数据系统。TAS 软件接着集成标签位置和现有的 IBS 工具控制，后者发送正确的命令到贴标车辆的应用工具。

现在，RFID 基础设备已安装到位，宝马可以将数据应用于其他目的，如追踪送回维修的位置。一旦工厂质量控制部门完成车辆质量检测，标签被移去，在车盖上安装宝马标志，标签可以重新使用。

据 Green 称，这套系统最大的挑战是确保标签可以在高金属环境里被精确读取。工具和车辆的定位十分重要，UWB 阅读器的大型网络可以提供高程度的精确。Green 称："我们通过这次应用学到了很多知识，其中很重要一点是工具贴标的重要性。"公司已经与几家工具制造商讨论在运往顾客（如宝马）之前对工具贴标。

第 7 章

汽车物流与供应链管理

供应链管理是指使供应链运作达到最优化，以最少的成本，令供应链从采购开始到满足最终客户的所有过程，MBA、EMBA 等管理教育均将企业供应链管理包含在内。

供应链管理就是协调企业内外资源来共同满足消费者需求，当我们把供应链上各环节的企业看作一个虚拟企业同盟，而把任意一个企业看作这个虚拟企业同盟中的一个部门时，同盟的内部管理就是供应链管理。只不过同盟的组成是动态的，根据市场需要随时在发生变化。

有效的供应链管理可以帮助实现四项目标：缩短现金周转时间、降低企业面临的风险、实现盈利增长、提供可预测收入。

供应链管理的七项原则：根据客户所需的服务特性来划分客户群；根据客户需求和企业可获利情况，设计企业的后勤网络；倾听市场的需求信息，设计更贴近客户的产品；时间延迟；策略性地确定货源和采购与供应商建立双赢的合作策略；在整个供应链领域建立信息系统；建立整个供应链的绩效考核准则等。

7.1.1 供应链的起源

供应链的概念是先从制造业发展出来的，理论界一般都认同其源自于美国哈佛商学院教授迈克尔·波特（Michael E. Porter）1980 年出版的《竞争优势》一书中提出的"价值链（Value Chain）"的概念。基于制造业的观点，波特认为供应链为一系列连续完成的活动，是原材料转换成一系列最终产品并不断实现价值增值的过程。从概念范围逐渐扩展历程来看，供应链概念大致经历了内部供应链、外部供应链和网络供应链三个阶段。分述如下：

1. 内部供应链

内部供应链是从制造企业内部运作过程中提出的，局限在单个企业内部，主要是指将采购的原材料和收到的零部件，通过生产转换和销售等活动传递到用户的一个过程。

2. 外部供应链

随着市场竞争的激烈化，供应链的概念被融入了更多外部环境因素的影响，从而供应链发展成为一个更系统的概念。最具有代表性的外部供应链是美国的斯蒂文斯（Stevens）提出的集成供应链概念，即"供应链是通过前馈的信息流和反馈的物料流及信息流，将供应商、制造商、分销商、零售商，直到最终用户连成一个整体的结构模式"，

强调企业与其他企业之间的供需关系。

3. 网络供应链

网络供应链是以核心企业为根节点的由双向树状结构所组成的网络系统，在原材料加工、制造、组装、零售商、客户等组成的串行系统的基础上，更加注重围绕核心企业的网链关系。发展至今，供应链的内涵仍在不断丰富。

7.1.2 供应链的概念

供应链是由供应商、制造商、仓库、配送中心和渠道商等构成的物流网络。同一企业可能构成这个网络的不同组成节点，但更多的情况下是由不同的企业构成这个网络中的不同节点。比如，在某个供应链中，同一企业可能既在制造商、仓库节点，又在配送中心节点等。在分工愈细、专业要求愈高的供应链中，不同节点基本上由不同的企业组成。在供应链各成员单位间流动的原材料、在制品库存和产成品等就构成了供应链上的货物流。

7.1.3 供应链管理的概念

简单地讲，供应链管理就是对供应链上各节点企业所实施的统一管理。由于传统的企业间关系主要表现为一种竞争和短期合作关系，因此按照传统的企业管理模式，不能满足供应链的要求和体现供应链的优势。供应链涉及供应商、生产商、分销商等一系列节点企业，因此对供应链要进行集成化、系统化、综合化的管理。传统的企业管理模式将企业的发展战略确定为通过企业组织规模的扩大将资源平均投入到采购、生产、销售环节中来提升企业竞争力，从而造成企业"大而全、小而全"，不能适应迅速变化的外部商场和瞬时多变的客户需求。

由于供应链有不同的定义，因此对供应链管理也有不同的解释。一般认为，供应链管理是指人们在认识和掌握供应链各环节在规律和相互联系的基础上，利用管理的计划、组织、指挥、协调、控制和激励职能，对产品生产和流通过程中各个环节涉及的物流、信息流、资金流以及业务流进行合理调控，以期达到发挥最大效率、提升客户价值的过程。

供应链管理超越传统的企业管理概念，突破单个企业的界限，只研究对处于供应链上的不同企业进行管理的问题，是一种新型的管理理念和管理模式。

它以现代信息技术为支撑，依附电子数据交换（EDI）、电子资金传送（EFT）等现代管理技术，采用包括制造资源计划（Manufacturing Resource Planning）及精细生产（Lean Production）等新的生产模式，实现了供应链管理信息的集成、技术的集成、组织的集成等，从而使整个供应链形成了一个扩展企业。扩展企业包括代销商、生产商和分销商等，扩展企业的出现使供应链各节点企业表现为一种"共赢"（Win–Win）的关系，同时也使企业之间的竞争转化为供应链与供应链之间的竞争。

7.1.4 供应链管理研究现状和发展趋势

传统管理模式将企业管理的重点放在产品质量和产品成本上，通过采取先进的管理方法和技术来提高产品的质量、降低产品成本，从而获得市场占有率。这种管理模式在市场环境相对稳定、客户需求较为单一的条件下，能够产生较好的市场效应。但是，在20世纪90年代以来科技迅速发展、世界竞争日益激烈、客户需求不断变化的条件下，这种管理模式则逐步显露出它的一些缺陷：

第一，经过市场竞争的洗礼，企业在实施成本战略时，单个企业生产成本已经被控制在很低的水平上，在企业内部进一步大幅度降低成本的潜力已经很小。

第二，传统企业为了提升自己的市场地位，往往通过扩大企业规模形成企业自有的、庞大的物料采购系统、生产制造系统和产品分销系统，或通过对为期提供原材料、半成品或零部件的企业实施投资控股、兼并收购；这种"大而全、小而全"的"纵向一体化"管理模式面临新的竞争环境时，往往存在以下问题：

1）企业变更业务的成本加大。变更业务往往是从原材料采购、生产、销售各个环节都要变化，难度大、速度慢，不利于满足用户需求多样性、市场变化不确定性的要求。

2）削弱了企业的核心竞争力。"纵向一体化"导致企业的末梢业务往往竞争力不强，同时也会影响到主营业务的竞争力，并引起企业决策者精力分散、企业目标分散，以及资源、资金、人力的分散，无法整合企业资源，增强核心竞争力。

3）增大了企业经营风险。企业与市场接触面广、资源配置分散，某一环节出现了问题就会导致相应的环节也出现问题。任何一个优秀的企业者不可能在每一个行业、每一个领域都是最优秀的，只有将自己的资源集中在自己最精通的领域内才有可能出类拔萃、卓尔不群。

供应链管理的实施弥补了上述缺陷，它基于"横向一体化"的管理思想，通过同供应商建立战略合作伙伴关系，形成了企业之间既独立运行又紧密合作的战略关系；通过选择最优秀的合作伙伴，实现了"强强联合"，提高整个供应链的竞争力；通过EDI、Internet/Intranet等先进技术，实现了供应链企业之间信息共享，增强了供应链的快速反应能力；通过供应商管理用户库存（VMI）、联合库存管理、多级库存优化控制，实现零库存目标；通过实施准时制生产方式（JIT）和全面质量管理（TQM）达到供应链的无缝连接，实现由精细制造向精细供应链的转变。

7.2　汽车物流供应链管理

汽车物流是集现代运输、仓储、保管、搬运、包装、产品流通及物流信息于一体的综合性管理，是沟通原料供应商、生产厂商、批发商、零件商、物流公司及最终用户满意的桥梁，更是实现商品从生产到消费各个流通环节的有机结合。对汽车企业来说，汽车物流包括生产计划制订、采购订单下放及跟踪、物料清单维护、供应商的管理、运输管理、进出口、货物的接收、仓储管理、发料及在制品的管理和生产线的物料管理、整车的发运等。

汽车整车及其零部件的物流配送业是各个环节必须衔接得十分平滑的高技术行业，是国际物流业公认的最复杂、最具专业性的领域。其专业性和复杂性特别体现在汽车零

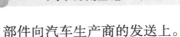
部件向汽车生产商的发送上。

7.2.1 汽车物流供应链的构成及关键点

汽车制造业涉及的上下游的环节非常之多，因此，汽车制造业的供应链非常有代表性。以汽车制造业供应链为例，其主要组成部分可分为供应商零部件的运输供应物流、生产过程中的储存搬运物流、整车与备件的储存及运输物流和工业废弃物回收处理物流等。

在这个供应链中，零部件采购管理是企业经营管理的重要环节之一。要在国际化分工更细、产品和技术发展日新月异的今天具备参与竞争、迎接挑战的实力，就必须在采购管理上更新观念、开拓创新，掌握有效利用有限资源的方法，在企业后台做好充分技术准备，才能积极应战。

当前，国内各大汽车企业各自为政，均建立各自独立的供应商体系，也许这种模式在起步阶段是必需的，但历史发展到今天，这种模式对资源共享是否有利是需要认真考虑的。因此，提倡建立和利用"公用采购平台"，共用供货资源，实现最优化采购，以此来促进国内零部件工业尽快上规模、上水平，逐步形成系统化、模块化供应。这种理念正在被越来越多的企业家所接受。

物流合理化必须系统化，物流的每一个要素都是一个与其他系统相关的独立系统，它强调运作；一个物品从原材料到消费品（广义）的演化过程中，各个环节的物流系统就构成了供应链，只有整个供应链良性运转才能使供应链上的每个环节受益，它强调规划。

7.2.2 汽车物流供应链的模式和特点

我国现行的主体汽车物流模式是供产销一体化的自营物流，即汽车产品原材料、零部件、辅助材料等的购进物流、汽车产品的制造物流与分销物流等物流活动全部由汽车制造企业完成。制造企业既是汽车生产活动的组织者、实施操作者，又是企业物流活动的组织者与实施者。

在这种模式下，制造商对供应物流、制造物流及分销物流拥有完全的控制权，能够掌握第一手客户信息，有利于改善客户服务和对整个物流进行协调与控制。但是，随着物流业务的不断扩大，供应全球化和电子商务对汽车产品物流的信息化、自动化和柔性化提出了全新的要求，要求制造商具有更加强大的物流实力，不断加大对物流的投入以适应电子商务发展的需要。这些变化对自营物流而言，不但加重了制造商的资金负担，而且也不能充分发挥分工的经济优势，会降低汽车产品的总体物流效率。同时，自营物流居于整车生产企业自身，往往只从整车生产企业的利益出发，过多地强调保障整个生产企业生产的连续性，会要求零配件生产企业提供远大于实际需要的库存。

汽车行业供应链是最典型的供应链组织结构模式，具有如下特点：

1）以汽车制造企业为供应链的核心企业。汽车制造企业作为供应链的物流调度与管理中心，担负着信息集成与交换的作用，在产品设计、制造、装配等方面具有强大优势，其不但可以拉动上游供应商的原材料供应，也可以推动下游分销商的产品分销及客户服务。

2）汽车行业供应链管理的重点在于核心企业对供应链的整合、协调，战略合作伙伴关系的构建，供应链物流模式的创新，供应商与分销商的管理，产、供、销关系的协调与控制等。

3）供需间的关系十分密切。汽车制造商和供应商伙伴间形成共同开发产品的组织，持久合作。供应商提供具有技术挑战性的部件；伙伴成员共享信息和设计思想，共同决定零部件或产品以及重新定义能够使双方获益的服务。

4）物流配送功能的专业化。原材料及汽车零部件供应商、汽车制造商的物流配送体系与其主业剥离，社会化、专业化的物流体系逐步完善，以汽车物流为纽带整合供应链，第三方物流配送中心完成汽车供应链物流配送功能。

5）利用计算机网络技术全面规划汽车供应链中的物流、商流、信息流、资金流，构建电子商务采购和销售平台，通过应用条码技术、EDI 技术、电子订货系统、POS 数据读取系统等信息技术，做到供应链成员能够及时有效地获取需求信息并及时响应，以满足客户需求。

7.2.3　我国汽车物流与供应链管理发展趋势

供应链管理要求汽车企业对整个供应链流程进行整合，通过汽车物流的功能整合、过程整合和资源整合来全面整合汽车供应链。汽车物流是以汽车制造商为中心，即以产品的生产制造和市场营销为主线，以相关信息流来协助供应商和客户行为的协作型竞争体系或市场竞争共同体，体现了汽车企业与客户和供应商相联系的能力。利用物流管理，可以使产品在有效的供应链内迅速移动，使供应链节点企业获益。核心制造企业通过与物流公司、供应商、经销商建立战略伙伴关系，实现了从原材料采购到产品完成整个过程的各种资源计划与控制。企业各种资源的计划与控制通过信息系统集成，形成企业内、外部各业务系统间通畅的信息流，通过 Procurement（物流采购部）与上游供应商连接，通过 CRM（一种处理客户关系的软件系统）与下游分销商和客户连接，促进整个供应链物流渠道的畅通，提高整个供应链的效率。

对汽车供应链的整合目的是增强供应链的竞争能力。供应链整合的关键在于汽车物流是否畅通及时，而基于第三方物流的汽车供应链模式很好地适应了这种需求。这种物流模式便于处理供应链末端任务，在尽可能靠近消费者或者买主的地方完成产品的制造，降低运输成本，减少供货时间，便于提供定制化产品，增加收益，增强客户满意度。第三方物流企业协调管理整个供应链的物流，既包括采购、生产和销售物流，也包括退货和废弃品物流等逆向物流，做到使产品在仓储、运输、分销过程中占用的空间最小、耗用的资源最少，便于回收和重复利用包装物，同时可考虑到整个供应链的现有资源和分布情况，使整个产品生命周期的资源利用最优和做到对环境的危害最小。

在现有的供应链管理环境之下，我国汽车物流未来发展应从以下几点着力进行创新：

1. 面向客户，流程重组

在供应链管理模式发展过程中，强调跨企业的资源整合，使客户关系的维持和管理变得越来越重要。客户需求成为驱动汽车物流的原动力，物流也已从单纯对物的处理提升到物的增值方案管理，为企业量身定制，提供物的可行性服务。汽车企业应从客户需求出发，按整个价值流确定供应、生产和配送产品中所有必需的物流供应链，并创建无中断、无绕道、无等待和无回流的增值物流供应链。汽车物流在提供满意的顾客服务水平的同时，在运行中还应不断消除浪费和追求完善。

在供应链上，要负责各业务流程的协调与控制、各功能环节的协调与控制、各链节企业之间的权、责、利关系的协调与控制及供应链与外部环境的协调与控制，以保证供应链发挥整体最优效能。在物流渠道竞争日趋激烈的环境中，企业必须能够以最快的速度响应上、下流的需求，因而必须有效整合各部门、各功能、各企业的业务流程，形成过程管理的新型汽车物流模式。

汽车物流是全球化的系统工程，既应包括计划制订、生产控制、库存监控、物料供应、产品交付和顾客服务于一体的管理，还应有以客户需求为源头逐步拉动上流工序的运作模式。同时，应根据全球化的要求，通过对各国汽车物流的研究找出自身的差异所在，找出各个节点的利益共同因素，不断丰富全球化汽车物流的内容。

2. 虚拟经营，诚信合作

国内汽车企业内部多数还在沿袭传统的模式，没有科学的物流规划和生产管理。汽车企业要明确物流流动的过程目标，整合好内部的物流，使价值流朝着明确的方向流动。

现在的竞争越来越表现为整个供应链的竞争，如果一味地强调整车生产厂的利益，不顾零部件生产企业的实际情况与利益，用零部件生产企业的大量库存来换取整年生产企业的"零库存"，长久下去必然会使整个供应链失去竞争优势。供应链管理通过汽车物流将企业内部各部门及供应链各节点企业联合起来，改变了交易双方利益对立的传统观念，在整个供应链范围内建立起共同利益的协作伙伴关系，通过联合、规划和运作，优化企业内部资源和社会资源，形成高度整合的供应链物流网络体系，是提高整个供应链竞争力的有效途径。

汽车企业经营的趋势是专注于核心能力，将非核心业务委托给专业管理公司，形成虚拟企业整合体系，使企业能提供更好的产品和服务。在虚拟整合趋势下，各个节点企业及其各部门通力合作，诚信经营，供应链管理体系就可得以成功发展，物流企业也可配合企业物流之需，不断开发出新的增值服务项目，形成更专业化的第三方物流。

3. 信息共享，物流集成

现代汽车物流要有好的信息系统平台支持，数据准确是其核心要求。汽车生产有它的特殊性，一辆车是由数千个零部件组成且必须进行全球采购，而且从全国乃至世界各地同时到达工厂又不能有太大的库存，没有信息系统是不可想象的。在产、供、销关系的协调与控制上，由于经济全球化使得供应链管理的范围扩大，以信息的形态及时反映物流活动和相应的资金状况，实现物流、资金流、信息流的及时、集成、同步的控制和信息的安全交流与共享成为管理的重点及难点。

在供应链管理结构下，供应链节点企业必须将物流整合所需要的信息与其他企业分享，否则无法形成有效的物流管理体系，同时还应按系统工程的原理对其功能要素进行整合。汽车企业及汽车物流企业只有认真研究物流系统管理的具体功能要素，并按系统工程的原理进行整合，才能建立科学的汽车物流体系。

7.3 案例分析

福特汽车公司：供应链战略

供应链系统的主管特里·塔凯（Teri Takai）在她的日历上留出了这段时间来思考准备向其高级经理们提出的建议。高级经理们所提出的问题被普遍认为是对福特的前途具有极其重要的意义：公司该如何利用不断出现的信息技术（如互联网技术）和来自高新科技行业的思想来变革与供应商之间的相互作用方式，对于这一问题，特里·塔凯领导的小组成员有着不同的观点。

一些人认为新技术不可避免地会使全新的商业模式得到盛行，福特需要从根本上重新设计其供应链及其他活动，否则的话将面临落后的危险。这一群体赞成"虚拟一体化"，参考戴尔等公司的供应链构建福特的供应链。戴尔公司通过大胆地利用技术，减少了流动资金和降低了库存过时的风险。该主张的支持者认为尽管由于历史原因以及由于汽车产品的内在复杂性，汽车行业十分复杂，但是没有理由认为这种商务模式不能为福特公司应尝试的方向提供一个概念性的蓝图。另一群体比较谨慎，这一群人认为汽车行业与相对较新的行业，如计算机制造业之间的差别是很重要和巨大的。一些人注意到，例如相对于戴尔计算机公司，福特的供应商网络具有更多的层次和涉及更多的公司，并且福特的采购组织历来就比戴尔的采购组织起着更加显著和独立的作用。在仔细分析的时候，这些差别以及其他方面的不同引起了许多复杂的问题，因此很难确定合适和可行的流程重新设计的范围。

在阅读她领导的小组所提供的文件时，特里·塔凯想起了首席执行官雅克·纳塞（Jac Nasser）最近在全公司范围内对股东价值和客户反应所做的强调。人们普遍承认戴尔在这些方面已经取得了成功，但是同样的方法对于福特来说是否能够取得同样的结果呢？

公司与行业背景

1998 年年底，福特汽车公司已经积聚了 69 亿美元的利润，公司员工享受了创纪录的利润分配，销售利润率（1997 年为 3.9%）有稳步的上升趋势。公司的货车业务位于全球第一。公司代替了克莱斯勒，成为美国汽车工业单车利润（1770 美元）最高的企业，并且成为 1997 年 J. D. 发动机首次质量研究中质量提高幅度最大的汽车制造商（位于第 4 名，仅次于本田、丰田和尼桑）。在新成立的福特投资企业公司的指导下，福特在俄克拉荷马州（Oklahoma）的塔尔萨市（Tulsa）开始了其福特零售网络（FRN）的第一份风险投资。成立福特投资企业的目的在于利用北美的零售汽车分销系统不断变化的局面。福特投资企业公司有两个主要的目标：①成为零售分销方面最佳实践的试验地，并将那些实践在整个经销商网络中推广。②创建一个可选的分销渠道来与诸如汽车帝国（AutoNation）等公共零售链进行竞争。

汽车物流的传统模式和直销模式如图7-1所示。

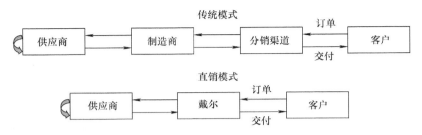

图 7-1 汽车物流的传统模式和直销模式

戴尔与福特的财务报告明细如表7-1所示。

表 7-1 戴尔与福特的财务报告明细

比较指标 （最近的财政年度）	戴 尔	福 特	
		汽车	金融服务
员工	16100	363892	
资产/百万美元	4300	85100	19400
收入/百万美元	12300	122900	30700
净收入/百万美元	944	4700	2200
销售利润率	7.7%	3.8%	7.2%
现金/百万美元	320	14500	2200
制造设施	3（得克萨斯州、爱尔兰、马来群岛）	180（北美、南美、欧洲、亚洲、澳大利亚）	
市场资本/百万美元	58469	66886	
P/E	60	10[①]	
5年平均收入增长率	年55%	年6%	
5年平均股票价格增长率	年113%	年33.4%	

① 减去企业的副产品收入。

资料来源：1998年度戴尔财务报告，1997年度福特财务报告，《华尔街杂志》。

问题：1. 谈谈你对现代信息技术（如互联网技术）和高新科技对现在企业的影响。

2. 你认为福特是否能取得戴尔直销的成功？为什么？

3. 你对福特的供应链战略有何建议？

参 考 文 献

［1］孟利清. 汽车物流［M］. 北京：中国林业出版社，2013.

［2］李小竹. 企业物流成本控制研究——基于作业成本法［J］. 现代商贸工业，2011（24）：268－269.

［3］王萍，胡祥卫. 汽车物流管理［M］. 北京：北京理工大学出版社，2015.

［4］龚雅云. 第三方物流的优劣势分析［J］. 中国商贸，2010（6）：111－113.

［5］高振云. 汽车物流［M］. 北京：中国劳动社会保障出版社，2006.

［6］孙炜庆. 基于循环取货模式的A公司入厂物流管理优化研究［J］. 物流工程与管理，2014，36（8）：41.

［7］李向文. 汽车物流信息化［M］. 北京：北京理工大学出版社，2013.

［8］陈莹莹. 汽车总装厂物流模式优化及物流改善项目分析［J］. 物流技术，2014（10）：24－27.

［9］周康渠. 汽车精益生产物流设计与管理［M］. 北京：机械工业出版社，2012.

［10］胡元庆，曾新明. 汽车制造物流与供应链管理［M］. 北京：机械工业出版社，2015.

［11］李佛胜，付浩. “上汽通用五菱”入厂物流现状及改进建议［J］. 企业科技与发展，2011（1）：38－41.

［12］裴志超. 带时间窗和库存约束的汽车零部件循环取货路径优化研究［D］. 长春：吉林大学，2014.

［13］陆薇，宋秀丽，高深. 汽车企业物流与供应链管理及经典案例分析［M］. 北京：机械工业出版社，2013.

［14］高晓楠. 汽车制造企业零部件入厂物流过程优化研究与应用［D］. 大连：大连海事大学，2014.

［15］龙少良. 汽车制造物流管理［M］. 北京：北京理工大学出版社，2015.

［16］马钧，缪震环，申丽莹. 大众与丰田零部件入厂物流模式对比研究［J］. 汽车工业研究，2014（5）：49－52.

［17］潘祥，孟利清. 汽车零部件入厂物流模式的分析［J］. 物流工程与管理，2014（3）：71－73.

［18］刘阳. 基于混合生产方式的轿车零部件入厂物流模式选择研究［D］. 西安：长安大学，2014.

［19］耿进. 汽车零部件供应链物流模式及策略研究［D］. 重庆：重庆理工大学，2014.

［20］郭城. 汽车物流中MILK－RUN模式的运作及成本分析［D］. 长春：吉林财经大学，2014.